Tout en couleurs

Poche
Visuel
Word 2000
PLUS FORT !

Une collection

3-D Visuel

de

First
Interactive

IDG
BOOKS
WORLDWIDE

*maran*Graphics™

Word 2000 Plus Fort ! Poche Visuel

Publié par
IDG Books Worldwide, Inc.
Une société de International Data Group
919 E. Hillsdale Blvd., Suite 400
Foster City, CA 94404

Copyright©   1999 par maranGraphics Inc.
5775 Coopers Avenue
Mississauga, Ontario, Canada
L4Z IR9

Tous droits réservés. Toute reproduction, même partielle, du contenu, de la couverture ou des icônes, par quelque procédé que ce soit (électronique, photocopie, bande magnétique ou autre) est interdite sans autorisation par écrit de maranGraphics.

Édition française publiée en accord avec IDG Books Worldwide par :

© Éditions First Interactive
13-15 rue Buffon
75005 PARIS – France
Tél. 01 55 43 25 25
Fax 01 55 43 25 20
Minitel : 3615 AC3*F1RST
E-mail : firstinfo@efirst.com
Web : www.efirst.com

ISBN : 2-84427-094-8
Dépôt légal : 3e trimestre 1999

Limites de responsabilité et de garantie. L'auteur et l'éditeur de cet ouvrage ont consacré tous leurs efforts à préparer ce livre. IDG Books Worldwide, International Data Group et l'auteur déclinent toute responsabilité concernant la fiabilité ou l'exhaustivité du contenu de cet ouvrage. Ils n'assument pas de responsabilités pour ses qualités d'adaptation à quelque objectif que ce soit, et ne pourront être en aucun cas tenus responsables pour quelque perte, profit ou autre dommage commercial que ce soit, notamment mais pas exclusivement particulier, accessoire, conséquent, ou autres.

Marques déposées. Toutes les informations connues ont été communiquées sur les marques déposées pour les produits, services et sociétés mentionnés dans cet ouvrage. maranGraphics, IDG Books Worldwide et les Éditions First Interactive déclinent toute responsabilité quant à l'exhaustivité et à l'intérprétation des informations. Tous les autres noms de marque et de produits utilisés dans cet ouvrage sont des marques déposées ou des appellations commerciales de leur propriétaire respectif. maranGraphics n'est lié à aucun produit ou vendeur mentionné dans ce livre.

Illustrations 3-D
copyright maranGraphics, Inc.

Achéve d´imprimer par Mateu Cromo (Madrid)
Août 1999 - 31940

Derrière (de gauche à droite) :
Sherry Maran, Rob Maran, Richard Maran, Maxine Maran, Jill Maran.

Devant (de gauche à droite) :
Judy Maran, Ruth Maran.

Chez maranGraphics, nous pensons réaliser de grands et beaux livres d'informatique, en les concevant avec soin l'un après l'autre.

Les principes de communication que nous avons développés depuis vingt-cinq ans sont à la base de chaque livre maranGraphics : les reproductions d'écran, les textes et les illustrations sont là pour vous faciliter l'assimilation des nouveaux concepts et des tâches à accomplir.

Nos dessins suivent pas à pas le texte pour illustrer visuellement les informations qui y sont contenues. Chacun est un véritable travail d'amour, la réalisation de certains dessins représentant près d'une semaine de travail !

Nous examinons longuement le meilleur moyen d'exécuter chaque tâche, afin que vous n'ayez pas à le faire. Ensuite, nos captures d'écran ainsi que les instructions qui les accompagnent étape par étape vous donnent toutes les indications utiles du début jusqu'à la fin.

Nous vous remercions de votre confiance, persuadés que vous avez fait le meilleur choix en achetant nos livres. Enfin, nous espérons que vous aurez autant de plaisir à utiliser nos livres que nous en avons pris à les créer !

La famille maranGraphics

Auteur
Ruth Maran

TABLE DES MATIÈRES

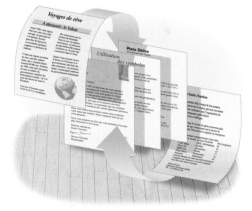

TABLE DES MATIÈRES

OUVRIR UN DOCUMENT D'UN AUTRE FORMAT

OUVRIR UN DOCUMENT D'UN AUTRE FORMAT

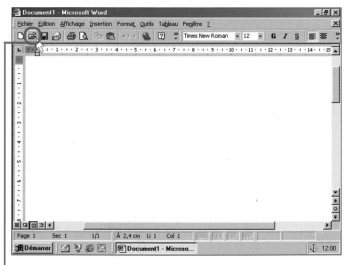

1 Cliquez 📂 pour ouvrir un document.

Note. Si 📂 n'est pas affiché, cliquez 🔽 dans la barre d'outils Standard, afin de faire apparaître tous les boutons.

■ La boîte de dialogue Ouvrir s'affiche.

Word permet d'ouvrir et de
modifier un document créé
dans un autre programme.

Vous pouvez ainsi travailler avec
des collègues qui emploient
d'autres traitements de texte.

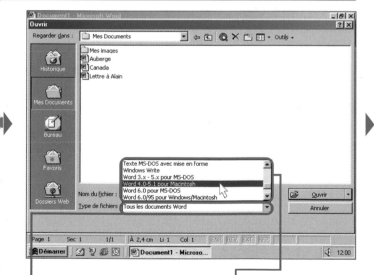

2 Cliquez cette zone, afin
de sélectionner le type du
document à ouvrir.

3 Cliquez le type de
document voulu.

*Note. Si vous ne connaissez
pas le type du document à
ouvrir, cliquez **Tous les
fichiers**.*

OUVRIR UN DOCUMENT D'UN AUTRE FORMAT

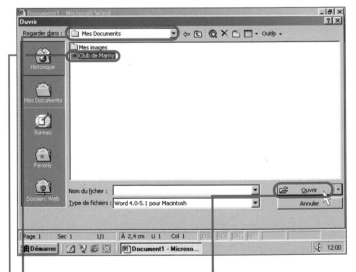

■ Cette zone indique l'emplacement des documents affichés. Cliquez-la pour changer d'endroit.

4 Cliquez le nom du document à ouvrir.

5 Cliquez **Ouvrir**.

Note. Il se peut qu'une boîte de dialogue apparaisse si Word doit installer un logiciel avant d'ouvrir le fichier. Pour installer ce composant, consultez le début de la page 9.

4

Il est possible d'ouvrir des documents créés dans un certain nombre d'applications différentes, telles que WordPerfect, Write, Word pour Macintosh et d'anciennes versions de Word pour Windows.

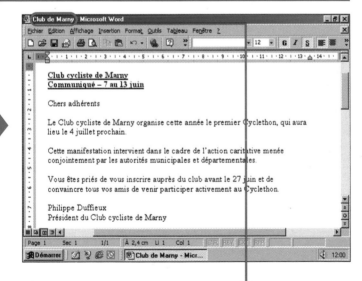

■ Word ouvre le document et l'affiche à l'écran. Vous pouvez désormais le revoir et apporter les modifications souhaitées.

■ Le nom du document apparaît en haut de l'écran.

ENREGISTRER UN DOCUMENT SOUS UN AUTRE FORMAT

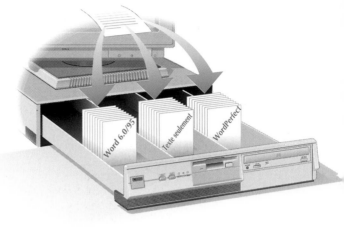

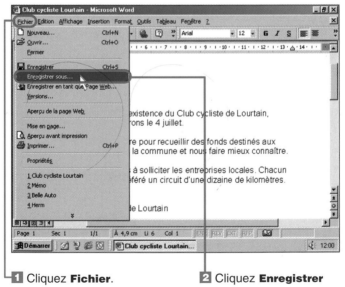

1 Cliquez **Fichier**.

2 Cliquez **Enregistrer sous**.

6

Vous pouvez enregistrer
un document Word sous
un format différent.

Cela se révèle utile pour
partager un fichier avec un
collègue qui ne se sert pas
de Word 2000.

■ La boîte de dialogue
Enregistrer sous apparaît.

3 Entrez un nom
pour le document.

ENREGISTRER UN DOCUMENT SOUS UN AUTRE FORMAT

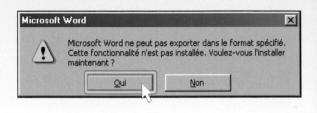

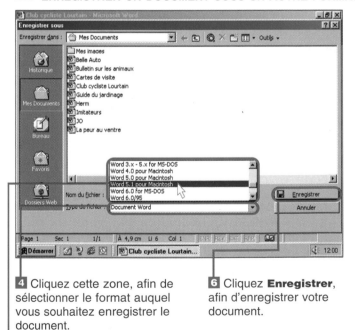

4 Cliquez cette zone, afin de sélectionner le format auquel vous souhaitez enregistrer le document.

5 Cliquez le format à utiliser.

6 Cliquez **Enregistrer**, afin d'enregistrer votre document.

Une boîte de dialogue s'affiche si Word doit installer un programme complémentaire avant d'enregistrer le document au nouveau format.

Insérez le CD-ROM utilisé pour l'installation de Word 2000 dans le lecteur correspondant. Cliquez ensuite **Oui**, afin d'installer ce programme.

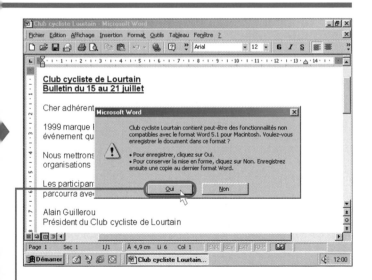

■ Une boîte de dialogue apparaît parfois, indiquant qu'une partie de la mise en forme de votre document risque d'être perdue lors de l'enregistrement sous le nouveau format.

7 Cliquez **Oui** pour poursuivre.

■ Word enregistre votre document au nouveau format. Vous pouvez désormais ouvrir ce fichier et travailler dessus dans un autre programme.

PROTÉGER UN DOCUMENT

■ PROTÉGER UN DOCUMENT ■

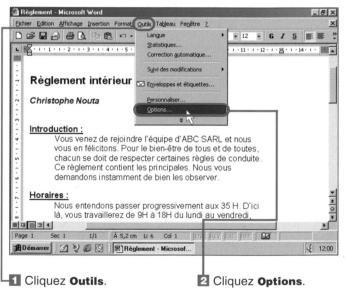

1 Cliquez **Outils**.

2 Cliquez **Options**.

Vous pouvez empêcher
d'autres personnes
d'ouvrir ou de modifier
un document en
protégeant ce dernier
par un mot de passe.

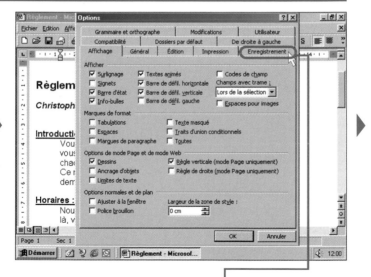

■ La boîte de dialogue
Options apparaît.

3 Cliquez l'onglet
Enregistrement.

PROTÉGER UN DOCUMENT

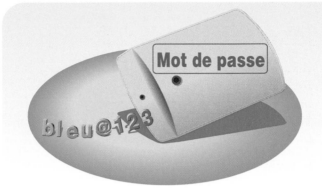

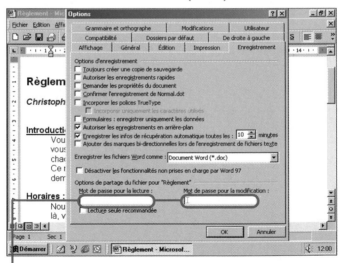

4 Cliquez dans la zone de saisie correspondant au mot de passe que vous désirez entrer.

Mot de passe pour la lecture

Oblige les utilisateurs à saisir le mot de passe correct pour ouvrir le document.

Mot de passe pour la modification

Oblige les utilisateurs à saisir le mot de passe correct pour apporter des modifications au document.

Au moment de choisir un mot de passe, ne retenez pas un terme que les gens pourraient facilement vous associer, comme votre nom ou votre sport préféré.

Le plus efficace consiste à combiner deux mots ou nombres avec un caractère spécial (**bleu@123**, par exemple).

Un mot de passe peut se composer de 15 caractères, au maximum, lettres, nombres et symboles inclus.

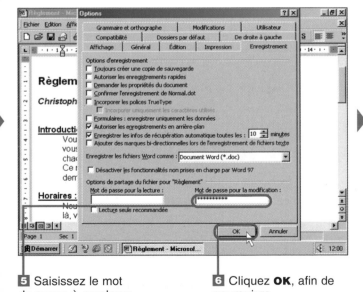

5 Saisissez le mot de passe à employer.

6 Cliquez **OK**, afin de poursuivre.

PROTÉGER UN DOCUMENT

PROTÉGER UN DOCUMENT (SUITE)

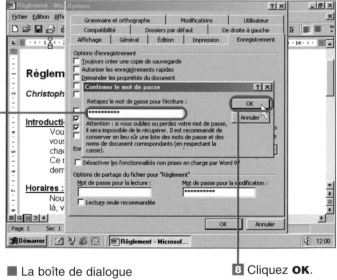

■ La boîte de dialogue
Confirmer le mot de passe
apparaît.

7 Saisissez de nouveau le mot
de passe, afin de le confirmer.

8 Cliquez **OK**.

Après avoir protégé un document par un mot de passe, Word vous invite à saisir ce dernier à chaque ouverture du fichier.

Il est conseillé de noter votre mot de passe et de le conserver dans un endroit sûr. Si vous l'oubliez, il est possible que vous ne puissiez plus ouvrir le document.

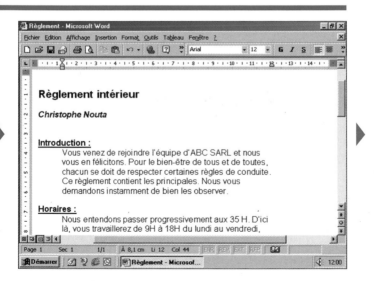

9 Enregistrez le document et, par là même, vos modifications.

■ Pour retirer la protection d'un document, effectuez les étapes **1** à **6** qui commencent à la page 38, en supprimant cette fois le mot de passe existant à l'étape **5**. Passez ensuite à l'étape **9**.

PROTÉGER UN DOCUMENT

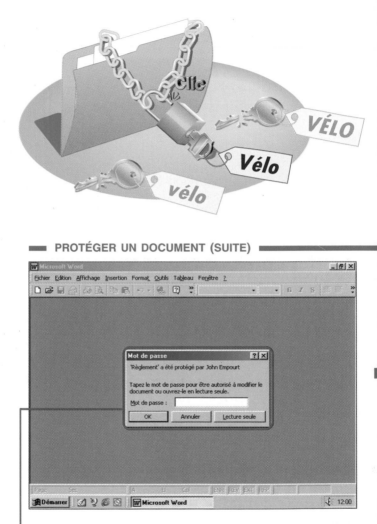

PROTÉGER UN DOCUMENT (SUITE)

OUVRIR UN DOCUMENT PROTÉGÉ

■ Une boîte de dialogue Mot de passe apparaît à chaque ouverture d'un document protégé.

Note. La présentation de la boîte de dialogue dépend du type de mot de passe affecté au document.

Lorsque vous ne respectez pas les majuscules et les minuscules, Word refuse le mot de passe.

Si vous avez choisi **Vélo**, par exemple, entrer **vélo** ou **VÉLO** ne permet pas d'ouvrir le document.

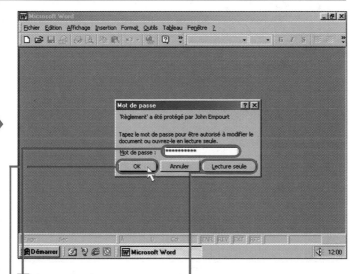

1 Saisissez le mot de passe correct.

2 Cliquez **OK**.

■ Lorsqu'il est disponible, vous pouvez cliquer le bouton **Lecture seule**, afin d'ouvrir le document sans entrer de mot de passe. Il vous est alors impossible d'enregistrer les modifications apportées au fichier.

AJOUTER UNE NOTE DE FIN
OU DE BAS DE PAGE

Note de bas de page

1 C'est le pape Clément VI qui décide d'acheter la ville d'Avignon à la comtesse de Provence.

■■■ AJOUTER UNE NOTE DE FIN OU DE BAS DE PAGE ■■■

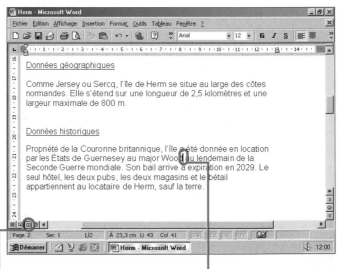

1 Cliquez 📃 pour afficher le document en mode Page.

2 Cliquez à l'endroit où vous voulez ajouter le numéro de la note de fin ou de bas de page.

Note. Le numéro de la note de fin ou de bas de page apparaîtra à l'endroit où le point d'insertion clignote à l'écran.

Vous pouvez ajouter une note de bas de page ou de fin de document, en vue de donner des renseignements supplémentaires sur un passage de votre texte.

Ces notes permettent de fournir des informations comme une explication, un commentaire ou une référence bibliographique.

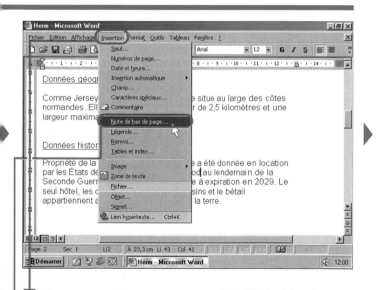

3 Cliquez **Insertion**.

4 Cliquez **Note de bas de page**.

Note. Si Note de bas de page n'apparaît pas dans le menu, placez le pointeur ⤢ au bas du menu, afin d'afficher toutes ses commandes.

AJOUTER UNE NOTE DE FIN OU DE BAS DE PAGE

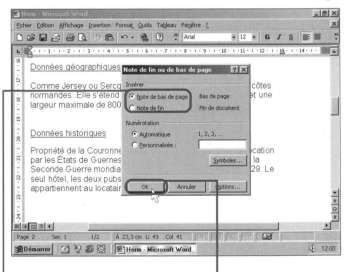

Notes de bas de page

Les notes de bas de page apparaissent au bas d'une page. Word fait en sorte que le texte de chacune figure toujours sur la même page que le numéro d'appel de note.

━━ AJOUTER UNE NOTE DE FIN OU DE BAS DE PAGE (SUITE)

■ La boîte de dialogue Note de fin ou de bas de page apparaît.

5 Cliquez une option, afin de sélectionner le type de note à insérer (○ devient ⊙).

6 Cliquez **OK** pour valider votre choix.

Notes de fin

Les notes de fin sont regroupées à la fin
du document.

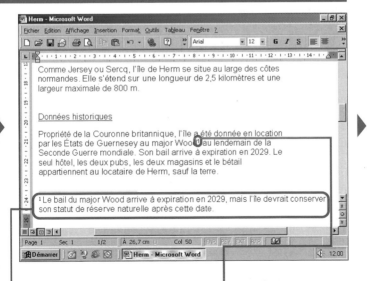

■ Word affiche la zone
destinée à la note de fin
ou de bas de page.

7 Saisissez le texte de la note.
Vous pouvez mettre ce dernier
en forme comme n'importe quel
autre texte du document.

■ Le numéro d'appel
de note de fin ou de bas
de page apparaît dans
le texte.

*Note. Pour voir ce numéro,
vous devrez peut-être faire
défiler votre document.*

AJOUTER UNE NOTE DE FIN
OU DE BAS DE PAGE

■ AJOUTER UNE NOTE DE FIN OU DE BAS DE PAGE (SUITE

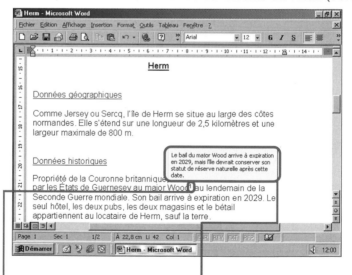

1 Pour afficher le texte d'une note de fin ou de bas de page, placez le pointeur I sur le numéro de la note dans le texte.

■ Le texte de la note de fin ou de bas de page s'affiche dans un encadré jaune.

Vous pouvez modifier une note de fin ou de bas de page insérée dans votre document. Il est aussi possible de supprimer une note qui ne se justifie plus.

En mode Page, Word affiche les notes de fin et de bas de page telles qu'elles apparaîtront sur la page imprimée.

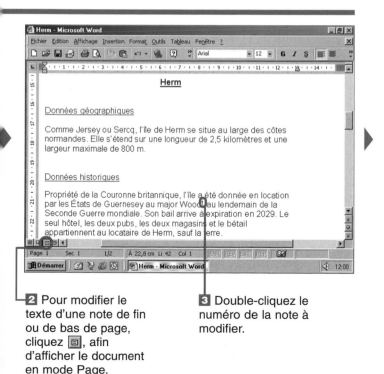

2 Pour modifier le texte d'une note de fin ou de bas de page, cliquez 🔲, afin d'afficher le document en mode Page.

3 Double-cliquez le numéro de la note à modifier.

AJOUTER UNE NOTE DE FIN OU DE BAS DE PAGE

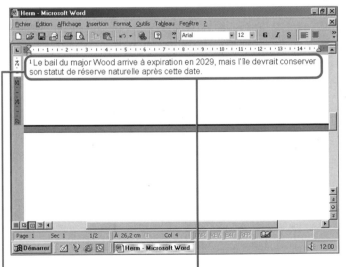

■ La note de fin ou de bas de page apparaît.

■ Vous pouvez modifier le texte d'une note de fin ou de bas de page comme n'importe quel autre texte au sein du document.

Word imprime automatiquement
les notes de fin après la
dernière ligne d'un document.

Pour les imprimer sur une
page séparée, insérez un
saut de page juste au-
dessus de la zone de notes.

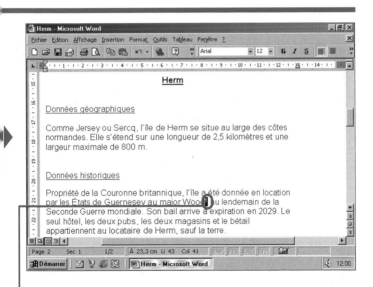

**SUPPRIMER UNE NOTE DE
FIN OU DE BAS DE PAGE**

1 Sélectionnez le numéro
de la note de fin ou de bas
de page à supprimer.

2 Appuyez sur la
touche **Suppr**.

■ La note de fin ou de
bas de page disparaît du
document.

■ Word renumérote
automatiquement les
notes de fin ou de bas
de page dans votre
document.

25

AJOUTER UN COMMENTAIRE

AJOUTER UN COMMENTAIRE

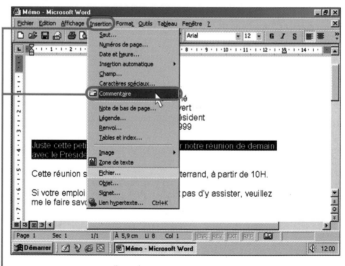

1 Sélectionnez le texte à commenter.

2 Cliquez **Insertion**.

3 Cliquez **Commentaire**.

Note. Si Commentaire n'apparaît pas dans le menu, placez le pointeur ☟ au bas du menu pour afficher toutes ses commandes.

Vous pouvez ajouter un commentaire à un texte de votre document.

Un commentaire peut renfermer une remarque, une explication ou un rappel quant à des informations que vous voulez vérifier ultérieurement.

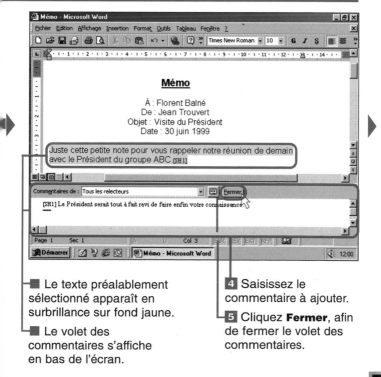

■ Le texte préalablement sélectionné apparaît en surbrillance sur fond jaune.

■ Le volet des commentaires s'affiche en bas de l'écran.

4 Saisissez le commentaire à ajouter.

5 Cliquez **Fermer**, afin de fermer le volet des commentaires.

AJOUTER UN COMMENTAIRE

1 Cliquez **Affichage**.

2 Cliquez **Commentaires**.

Note. Si Commentaires n'apparaît pas dans le menu, placez le pointeur ▷ au bas du menu pour afficher toutes ses commandes.

■ Pour masquer de nouveau tous les commentaires, répétez les étapes **1** et **2**.

AJOUTER UN COMMENTAIRE (SUITE)

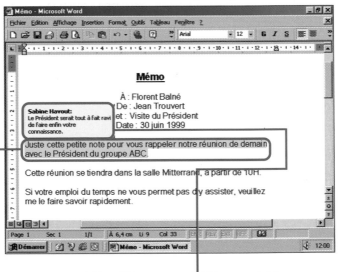

AFFICHER UN COMMENTAIRE

1 Placez le pointeur ⊺ sur le texte mis en surbrillance en jaune, auquel est associé le commentaire à consulter (⊺ devient 🖾).

■ Un encadré jaune apparaît, affichant votre nom et le commentaire préalablement ajouté.

2 Pour masquer le commentaire, placez le pointeur ⊺ ailleurs que sur le texte en surbrillance.

Vous pouvez afficher tous
les commentaires à la
fois pour les revoir et
les modifier.

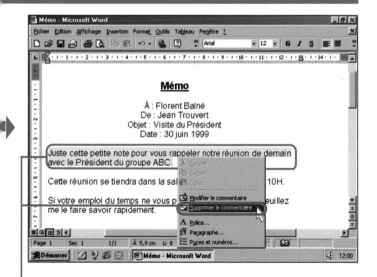

SUPPRIMER UN COMMENTAIRE

1 À l'aide du bouton droit,
cliquez le texte mis en
surbrillance en jaune, auquel
est associé le commentaire à
supprimer. Un menu apparaît.

2 Cliquez **Supprimer le
commentaire**, afin de retirer
le commentaire.

*Note. Si la commande Supprimer
le commentaire n'apparaît pas, le
texte commenté et mis en
surbrillance renferme peut-être une
erreur d'orthographe.*

■ Word retire la mise en
surbrillance en jaune du
texte.

29

ANIMER DU TEXTE

ANIMER DU TEXTE

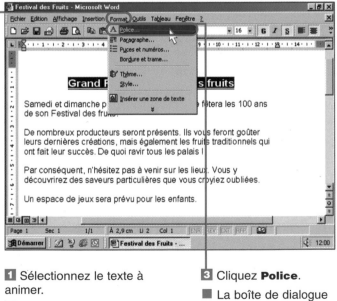

1 Sélectionnez le texte à animer.

2 Cliquez **Format**.

3 Cliquez **Police**.

■ La boîte de dialogue Police s'affiche.

Vous pouvez animer du texte dans votre document en le faisant se déplacer ou clignoter.

Les effets d'animation conviennent parfaitement à la mise en valeur du texte d'un document destiné à être consulté sur un écran d'ordinateur.

4 Cliquez l'onglet **Animation**.

5 Cliquez l'effet d'animation à employer.

31

ANIMER DU TEXTE

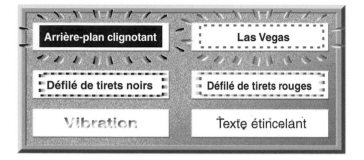

■■■ ANIMER DU TEXTE (SUITE) ■■■

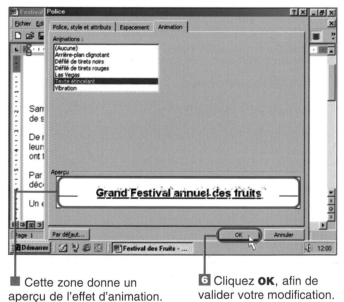

■ Cette zone donne un aperçu de l'effet d'animation.

6 Cliquez **OK**, afin de valider votre modification.

Word prévoit plusieurs effets
d'animation qui permettent
d'attirer l'attention sur le texte
concerné de votre document.

■ L'effet d'animation est affecté
au texte sélectionné.

■ Pour désélectionner du
texte, cliquez hors de la
sélection.

*Note. Les effets d'animation n'apparaissent
pas dans la version imprimée du
document.*

■ Pour supprimer un
effet d'animation, répétez
les étapes **1** à **6**, en
sélectionnant cette fois
(**Aucune**) à l'étape **5**.

CRÉER UN NOUVEAU DOCUMENT

CRÉER UN NOUVEAU DOCUMENT

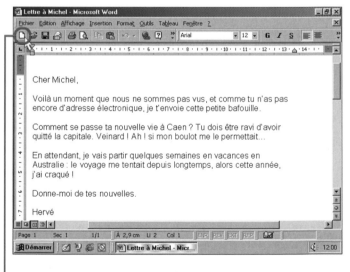

1 Cliquez 🗋 pour créer un nouveau document.

Note. Si 🗋 n'est pas affiché, cliquez 🔏 dans la barre d'outils Standard, afin de faire apparaître tous les boutons.

34

Vous pouvez créer un nouveau document, en vue de commencer l'écriture d'une lettre, d'une note ou d'un rapport.

Considérez chaque document comme une feuille de papier distincte. Créer un nouveau document revient à placer une nouvelle feuille à l'écran.

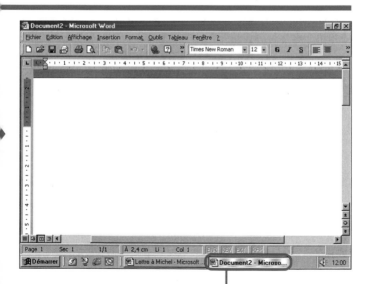

■ Un nouveau document s'affiche, masquant le précédent.

■ Un bouton correspondant au nouveau document apparaît dans la barre des tâches.

PASSER D'UN DOCUMENT À L'AUTRE

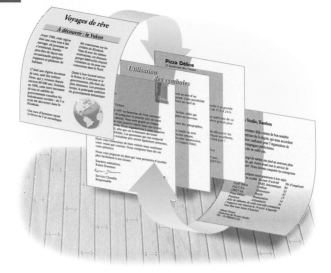

PASSER D'UN DOCUMENT À L'AUTRE

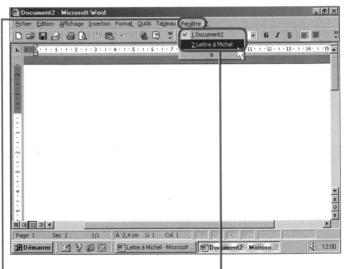

1 Cliquez **Fenêtre**, afin d'afficher la liste de tous les documents ouverts.

2 Cliquez le nom du document auquel vous désirez accéder.

36

Word permet d'ouvrir
plusieurs documents
simultanément. Vous
pouvez passer facilement
de l'un à l'autre.

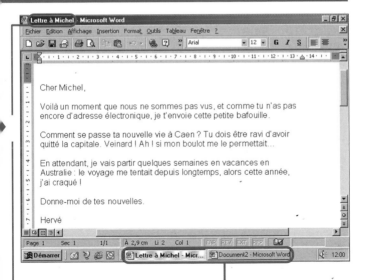

■ Le document apparaît.

■ Word affiche le nom du
document courant en haut
de l'écran.

■ Dans la barre des
tâches figure un bouton
pour chaque document
ouvert. Vous pouvez
également accéder à
l'un d'entre eux en
cliquant son bouton.

ORGANISER DES DOCUMENTS OUVERTS

■■■ ORGANISER DES DOCUMENTS OUVERTS ■■■

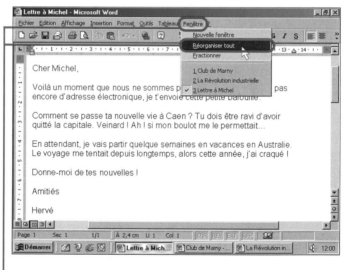

1 Cliquez **Fenêtre**.

2 Cliquez
Réorganiser tout.

Note. Si Réorganiser tout n'apparaît pas dans le menu, placez le pointeur ⬉ au bas du menu, afin d'afficher toutes ses commandes.

Lorsque plusieurs documents
sont ouverts, certains se
retrouvent masqués.

Vous pouvez cependant
afficher tous les contenus
simultanément.

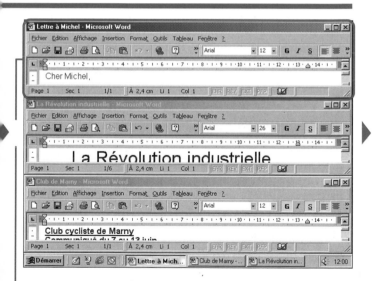

■ Vous pouvez désormais
visualiser le contenu de tous
les documents ouverts.

■ Il n'est possible de
travailler que dans un seul
document à la fois. Celui qui
est actif comporte une barre
de titre bleue.

*Note. Pour activer un autre
document, cliquez n'importe
où dans ce dernier.*

ORGANISER DES DOCUMENTS OUVERTS

3 Pour agrandir de nouveau un document à la taille de l'écran, cliquez ▢ dans la fenêtre concernée.

40

Vous pouvez faire apparaître
une plus grande partie d'un
document à l'écran en retirant
des éléments de la fenêtre,
comme des barres d'outils ou
la règle.

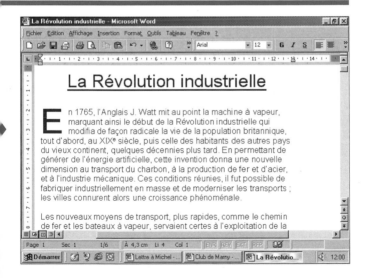

■ Le document occupe
la totalité de l'écran. Les
autres fichiers sont
masqués derrière lui.

DÉPLACER OU COPIER DU TEXTE ENTRE DES DOCUMENTS

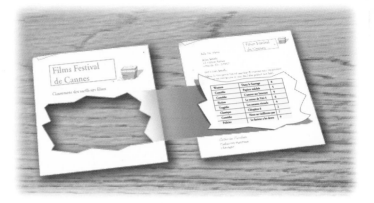

DÉPLACER OU COPIER DU TEXTE ENTRE DES DOCUMEN

1 Sélectionnez le texte à déplacer ou à copier vers un autre document.

Vous pouvez déplacer ou copier
du texte d'un document
à un autre.

Vous gagnez ainsi du temps
lorsque vous devez utiliser un
texte déjà existant dans un
autre fichier.

2 Cliquez l'un des boutons
suivants.

✂ Déplacer du texte

▣ Copier du texte

*Note. La barre d'outils Presse-
papiers s'affiche parfois quand
vous déplacez ou copiez du
texte.*

DÉPLACER OU COPIER DU TEXTE ENTRE DES DOCUMENTS

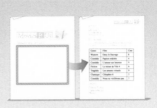

Déplacer du texte

Quand vous déplacez du texte, ce dernier disparaît du document d'origine.

■■■ DÉPLACER OU COPIER DU TEXTE ENTRE DES DOCUMENT

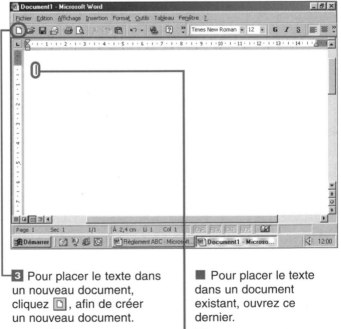

3 Pour placer le texte dans un nouveau document, cliquez ☐, afin de créer un nouveau document.

Note. Si ☐ n'est pas affiché, cliquez ⏩ dans la barre d'outils Standard, afin de faire apparaître tous les boutons.

■ Pour placer le texte dans un document existant, ouvrez ce dernier.

4 Cliquez à l'endroit où devra apparaître ce texte.

44

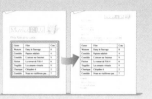

Copier du texte

Quand vous copiez du texte, ce dernier figure à la fois dans le document d'origine et dans le document de destination.

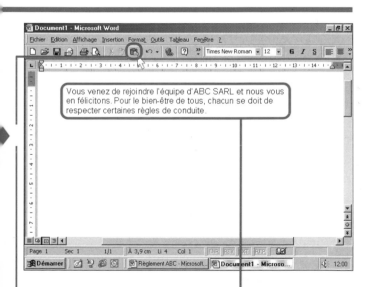

5 Cliquez 🖺, pour placer le texte au nouvel endroit.

Note. Si 🖺 n'est pas affiché, cliquez ⊠ dans la barre d'outils Standard, afin de faire apparaître tous les boutons.

■ Le texte apparaît au nouvel endroit.

CRÉER UN TABLEAU

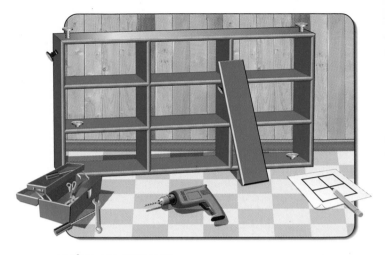

CRÉER UN TABLEAU

1 Cliquez à l'endroit où vous désirez placer un tableau dans votre document.

2 Cliquez 🔲, afin de créer un tableau.

Note. Si 🔲 n'est pas affiché, cliquez ⁑ dans la barre d'outils Standard, afin de faire apparaître tous les boutons.

3 Faites glisser le pointeur ↘, afin de mettre en surbrillance le nombre de colonnes et de lignes qui devront composer le tableau.

Vous pouvez créer un
tableau, afin de présenter
clairement des informations
dans votre document.

Document1 - Microsoft Word

Fichier Edition Affichage Insertion Format Outils Tableau Fenêtre ?

Times New Roman   12   G I S

Page 1   Sec 1   1/1   À 2,4 cm Li 1   Col 1   ENR REV EXT RFP

Démarrer   Document1 - Microso...   12:00

■ Le tableau apparaît
dans votre document.

CRÉER UN TABLEAU

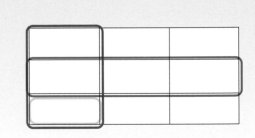

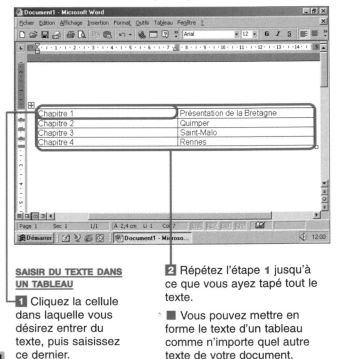

SAISIR DU TEXTE DANS UN TABLEAU

1 Cliquez la cellule dans laquelle vous désirez entrer du texte, puis saisissez ce dernier.

2 Répétez l'étape 1 jusqu'à ce que vous ayez tapé tout le texte.

■ Vous pouvez mettre en forme le texte d'un tableau comme n'importe quel autre texte de votre document.

48

Un tableau se compose de colonnes,
de lignes et de cellules.

- ■ Une colonne est une rangée
  verticale de cases.

- ■ Une ligne est une rangée
  horizontale de cases.

- ■ Une cellule correspond à
  une case.

Chapitre 1		tagne
Chapitre 2	Quimper	
Chapitre 3	Saint-Malo	
Chapitre 4	Rennes	

1 Cliquez n'importe où
dans le tableau à
supprimer.

2 Cliquez **Tableau**.

3 Pointez **Supprimer**.

4 Cliquez **Tableau**.

AJOUTER UNE LIGNE OU UNE COLONNE

Janvier	Février	Nombre de boîtes vendues
9000	8000	17000
7000	7000	14000
8500	1500	10000
2050	9000	11050
7800	9000	16800
4500	9050	13550

AJOUTER UNE LIGNE

Word insérera une ligne au-dessus de celle sélectionnée.

1 Pour sélectionner une ligne, placez le pointeur I à sa gauche (I devient ⌁), puis cliquez.

2 Cliquez ⧉, afin d'ajouter une ligne.

Note. Si ⧉ n'est pas affiché, cliquez ⧉ dans la barre d'outils Standard, afin de faire apparaître tous les boutons.

Vous pouvez ajouter une ligne
ou une colonne à votre tableau,
lorsque vous souhaitez y faire
figurer des informations
supplémentaires.

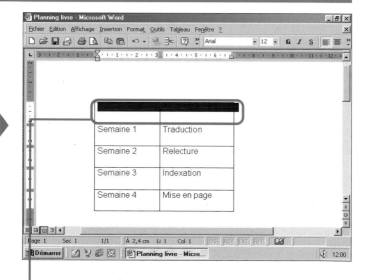

■ Une nouvelle ligne
apparaît.

AJOUTER UNE LIGNE OU UNE COLONNE

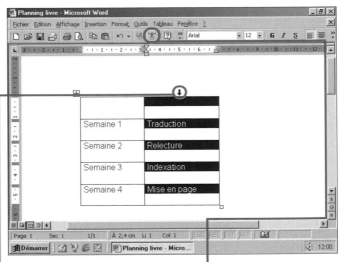

AJOUTER UNE COLONNE

Word insérera une colonne à gauche de celle sélectionnée.

1 Pour sélectionner une colonne, placez le pointeur I au-dessus de cette colonne (I devient ↓), puis cliquez.

2 Cliquez 🖳, afin d'ajouter une colonne.

Note. Si 🖳 n'est pas affiché, cliquez 🔽 dans la barre d'outils Standard, afin de faire apparaître tous les boutons.

Pour insérer une ligne au bas d'un tableau, cliquez la cellule inférieure droite du tableau et appuyez sur la touche Tab.

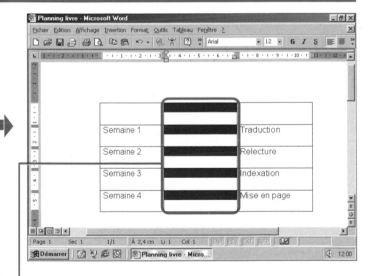

■ Une nouvelle colonne apparaît.

SUPPRIMER UNE LIGNE OU UNE COLONNE

SUPPRIMER UNE LIGNE

Chapitre		Titre
1		Présentation de la Bretagne
2		Quimper
3		Saint-Malo
4		Rennes

1 Pour sélectionner la ligne
à supprimer, placez le
pointeur I à sa gauche
(I devient ⇗), puis cliquez.

Vous pouvez supprimer
de votre tableau une
ligne ou une colonne
devenue inutile.

La barre d'outils Presse-
papiers apparaît parfois
quand vous supprimez
une ligne ou une colonne.

Chapitre		Titre
1		Présentation de la Bretagne
2		Quimper
3		Saint-Malo

2 Cliquez ✂ , afin de
supprimer la ligne.

*Note. Si ✂ n'est pas affiché,
cliquez 📋 dans la barre d'outils
Standard, afin de faire apparaître
tous les boutons.*

■ La ligne disparaît.

SUPPRIMER UNE LIGNE
OU UNE COLONNE

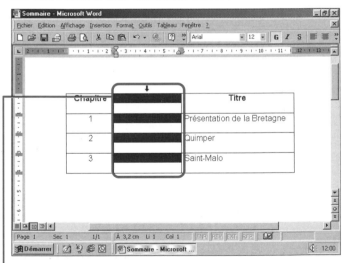

SUPPRIMER UNE COLONNE

1 Pour sélectionner la colonne à supprimer, placez le pointeur I au-dessus de cette colonne (I devient ⬇), puis cliquez.

Pour retirer les données d'une ligne
ou d'une colonne sans supprimer
cette ligne ou cette colonne du
tableau, sélectionnez les cellules
contenant les données à supprimer en
faisant glisser le pointeur I dessus,
puis appuyez sur la touche Suppr.

Chapitre	Titre
1	Présentation de la Bretagne
2	Quimper
3	Saint-Malo

2 Cliquez 🔏 pour
supprimer la colonne.

*Note. Si 🔏 n'est pas affiché,
cliquez 🔽 dans la barre d'outils
Standard, afin de faire
apparaître tous les boutons.*

■ La colonne disparaît.

MODIFIER LA TAILLE DES CELLULES

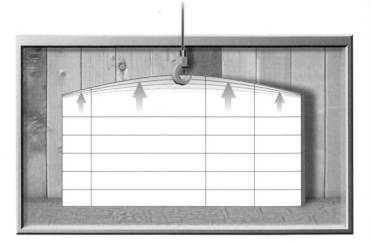

MODIFIER LA LARGEUR DES COLONNES

1 Placez le pointeur ⊺ sur le bord droit de la colonne à modifier (⊺ devient ◄╫►).

2 Faites glisser le bord de la colonne pour obtenir la largeur voulue.

■ Une ligne indique la nouvelle position.

58

Après avoir créé un tableau,
vous pouvez modifier la largeur
des colonnes et la hauteur des
lignes.

Semaine 1	Traduction
Semaine 2	Relecture
Semaine 3	Écrans
Semaine 4	PAO

■ La colonne adopte la
nouvelle largeur.

AJUSTER LA COLONNE AU TEXTE

1 Pour adapter la largeur de
la colonne au texte le plus
long que celle-ci renferme,
double-cliquez le bord droit
de la colonne.

MODIFIER LA TAILLE DES CELLULES

━━━ MODIFIER LA HAUTEUR DES LIGNES ━━━

1 Placez le pointeur I sur le bord inférieur de la ligne à modifier (I devient $\overset{\text{\tiny$\uparrow$}}{\overline{\underline{}}}$).

2 Faites glisser le bord de la ligne pour obtenir la hauteur voulue.

■ Un trait indique la nouvelle position.

Lorsque vous entrez du texte dans un tableau, Word agrandit parfois automatiquement la largeur d'une colonne ou la hauteur d'une ligne, afin de l'adapter à votre saisie.

Semaine 1	Traduction
Semaine 2	Relecture
Semaine 3	Écrans
Semaine 4	PAO

■ La ligne adopte la nouvelle hauteur.

Note. Il est impossible de modifier la hauteur des lignes en mode Normal ou Plan.

FUSIONNER DES CELLULES

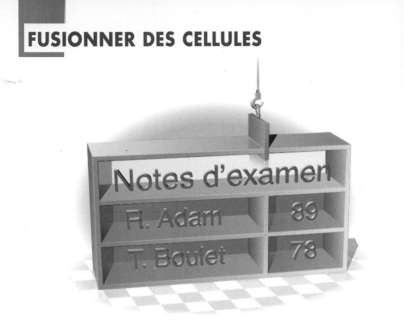

FUSIONNER DES CELLULES

1 Placez le pointeur I sur la première cellule à fusionner avec d'autres.

2 Mettez toutes les cellules à fusionner en surbrillance en faisant glisser le pointeur I dessus.

3 Cliquez **Tableau**.

4 Cliquez **Fusionner les cellules**.

Vous pouvez regrouper deux cellules (ou plus) de votre tableau, afin d'en créer une plus grande.

Fusionner des cellules se révèle utile lorsque vous souhaitez afficher un titre en haut d'un tableau.

Table des matières	
1	Bretagne
2	Quimper
3	Saint-Malo

■ Les cellules se regroupent pour en créer une plus grande.

■ Pour désélectionner des cellules, cliquez hors de la sélection.

FRACTIONNER UNE CELLULE

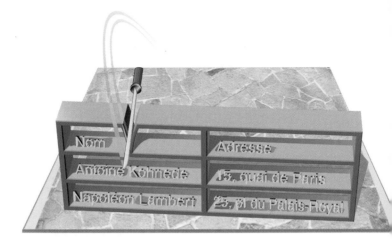

FRACTIONNER UNE CELLULE

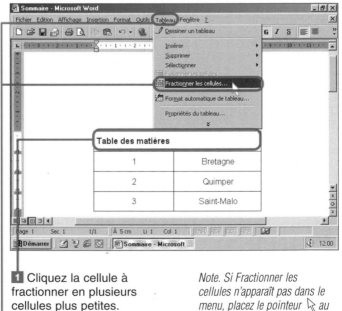

1 Cliquez la cellule à fractionner en plusieurs cellules plus petites.

2 Cliquez **Tableau**.

3 Cliquez **Fractionner les cellules**.

Note. Si Fractionner les cellules n'apparaît pas dans le menu, placez le pointeur ⇩ au bas du menu, afin d'afficher toutes ses commandes.

■ La boîte de dialogue Fractionner les cellules apparaît.

Vous pouvez diviser
une cellule de tableau
en plusieurs petites
cellules.

Fractionner des cellules ? ×

Nombre de colonnes : 2

Nombre de lignes : 1

☐ Fusionner les cellules avant de fractionner

OK   Annuler

Table des matières	
1	Bretagne
2	Quimper
3	Saint-Malo

4 Double-cliquez cette zone
et entrez le nombre indiquant
en combien de colonnes
vous voulez diviser la cellule.

5 Double-cliquez cette zone
et entrez le nombre indiquant
en combien de lignes vous
voulez scinder la cellule.

6 Cliquez **OK**, afin de
fractionner la cellule.

■ La cellule est scindée
et présente désormais le
nombre de lignes et de
colonnes préalablement
spécifié.

65

ALIGNER DU TEXTE DANS UNE CELLULE

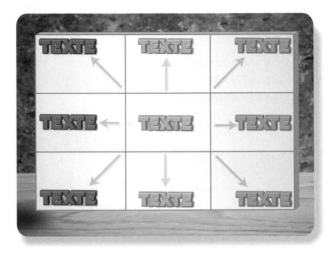

ALIGNER DU TEXTE DANS UNE CELLULE

1 Sélectionnez les cellules où figure le texte à aligner différemment en faisant glisser le pointeur ⊥ dessus.

2 Cliquez 🔲 pour afficher la barre d'outils Tableaux et bordures.

Note. Si 🔲 n'est pas affiché, cliquez 🔃 dans la barre d'outils Standard, afin de faire apparaître tous les boutons.

3 Cliquez 🔽 dans cette zone.

4 Sélectionnez l'alignement voulu.

Vous pouvez améliorer la présentation de votre tableau en modifiant la position du texte dans chaque cellule.

	1998	1999
Recettes	50 233 000 F	50 800 000 F
Dépenses	20 121 560 F	30 752 360 F

■ Le texte adopte le nouvel alignement.

■ Pour désélectionner des cellules, cliquez n'importe où dans le tableau.

5 Cliquez 📰, pour masquer la barre d'outils Tableaux et bordures.

MODIFIER L'ORIENTATION DU TEXTE

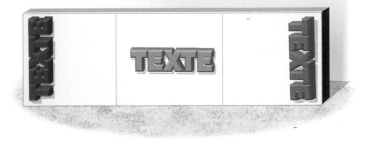

1 Sélectionnez les cellules où figure le texte dont voulez modifier l'orientation en faisant glisser le pointeur I dessus.

2 Cliquez 🖽 , en vue d'afficher la barre d'outils Tableaux et bordures.

Vous pouvez modifier l'orientation
du texte à l'intérieur des cellules,
afin, notamment, de mettre en
valeur des en-têtes de colonne
ou de ligne au sein de votre tableau.

Word ne peut afficher
la nouvelle orientation
de texte qu'en modes
Page et Web.

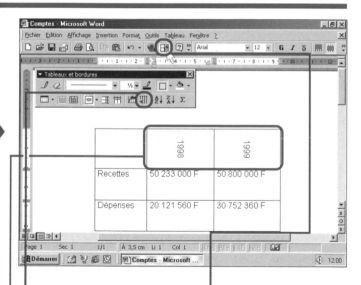

3 Cliquez 🔟 pour
modifier l'orientation du
texte. Répétez cette
étape jusqu'à ce que
votre texte s'affiche
comme vous le désirez.

■ Le texte adopte la
nouvelle orientation.

■ Pour désélectionner
des cellules, cliquez
n'importe où dans le
tableau.

4 Cliquez 🖽, afin de
masquer la barre
d'outils Tableaux et
bordures.

MODIFIER LES BORDURES D'UN TABLEAU

MODIFIER LES BORDURES D'UN TABLEAU

	1998	1999
Recettes	50 233 000 F	50 800 000 F
Dépenses	20 121 560 F	30 752 360 F

1 Sélectionnez les cellules dont vous souhaitez modifier la bordure en faisant glisser le pointeur ⌶ dessus.

2 Cliquez 🖽 pour afficher la barre d'outils Tableaux et bordures.

Note. Si 🖽 n'est pas affiché, cliquez 🔽 dans la barre d'outils Standard, afin de faire apparaître tous les boutons.

■ La barre d'outils Tableaux et bordures apparaît.

Vous pouvez améliorer
la présentation de votre
tableau en modifiant ses
bordures.

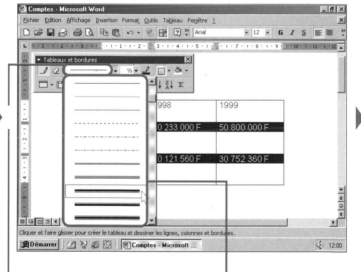

3 Cliquez cette
zone, pour afficher
une liste des styles
de trait utilisables
comme bordure.

4 Cliquez le style de
trait à appliquer.

MODIFIER LES BORDURES D'UN TABLEAU

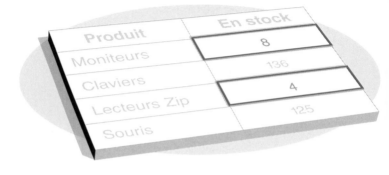

MODIFIER LES BORDURES D'UN TABLEAU (SUITE)

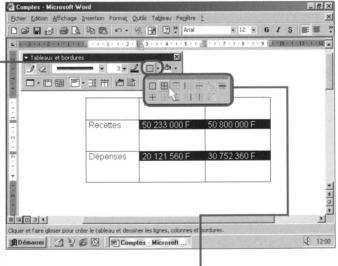

5 Cliquez ⊡ dans cette zone, afin d'afficher les bordures qu'il est possible de modifier.

6 Cliquez la bordure à affecter.

Vous pouvez modifier la bordure de certaines cellules seulement d'un tableau.

Modifier la bordure de quelques cellules au sein de votre tableau peut faciliter la mise en valeur d'informations importantes.

	1998	1999
Recettes	50 233 000 F	50 800 000 F
Dépenses	20 121 560 F	30 752 360 F

■ La nouvelle bordure est appliquée aux cellules sélectionnées.

■ Pour désélectionner les cellules, cliquez ailleurs dans le tableau.

7 Cliquez 📰 , afin de masquer la barre d'outils Tableaux et bordures.

■ Pour retirer une bordure de votre tableau, effectuez les étapes **1** et **2**. Passez ensuite aux étapes **5** à **7**, en cliquant cette fois 🔲 à l'étape **6**.

AJOUTER UNE TRAME DE FOND À UNE CELLULE

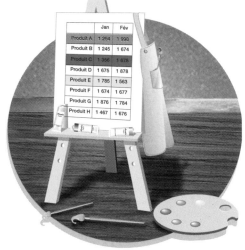

AJOUTER UNE TRAME DE FOND À UNE CELLULE

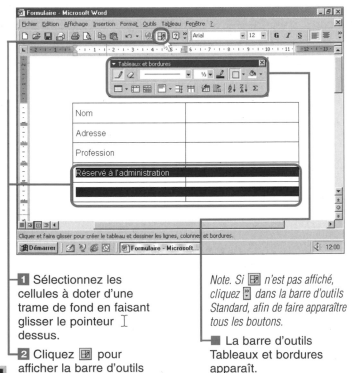

1 Sélectionnez les cellules à doter d'une trame de fond en faisant glisser le pointeur I dessus.

2 Cliquez 🖼 pour afficher la barre d'outils Tableaux et bordures.

Note. Si 🖼 n'est pas affiché, cliquez 🔡 dans la barre d'outils Standard, afin de faire apparaître tous les boutons.

■ La barre d'outils Tableaux et bordures apparaît.

74

Vous pouvez attirer l'attention sur certaines parties de votre tableau en appliquant une trame de fond aux cellules correspondantes.

3 Cliquez ⊡ dans cette zone, afin de sélectionner une couleur de trame.

4 Cliquez la teinte souhaitée.

■ La trame de fond est appliquée aux cellules sélectionnées.

METTRE EN FORME UN TABLEAU

METTRE EN FORME UN TABLEAU

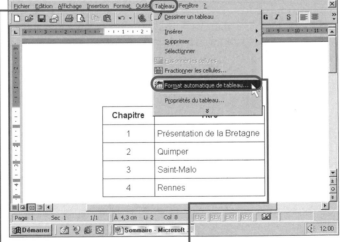

1 Cliquez n'importe où dans le tableau à modifier.

2 Cliquez **Tableau**.

3 Cliquez **Format automatique de tableau**.

■ La boîte de dialogue Mise en forme automatique de tableau apparaît.

Word propose de nombreux modèles prédéfinis, qui permettent de modifier la présentation de votre tableau.

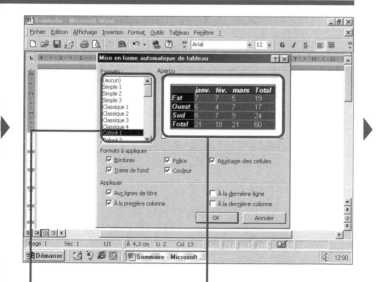

■ Cette zone affiche la liste des modèles de tableaux disponibles.

■ Cette zone donne une illustration du modèle de tableau mis en surbrillance.

4 Appuyez sur les touches ↓ ou ↑ jusqu'à ce qu'apparaisse le modèle de tableau souhaité.

METTRE EN FORME UN TABLEAU

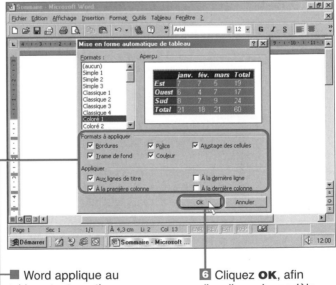

■ Word applique au tableau toute option précédée d'une case cochée (✔).

5 Cliquez une option pour l'activer (✔) ou la désactiver (☐).

6 Cliquez **OK**, afin d'appliquer le modèle à votre tableau.

78

L'option Ajustage des cellules adapte la taille du tableau à la quantité de texte qui y est entrée. Vous pouvez la désactiver à l'étape **5** ci-dessous (☑ devient ☐), si vous ne voulez pas que Word modifie les dimensions de votre tableau.

■ Le modèle choisi est appliqué au tableau.

■ Pour ne plus appliquer un modèle à un tableau, répétez les étapes **1** à **4**, en sélectionnant cette fois **Quadrillage 1** à l'étape **4**. Appuyez ensuite sur la touche Entrée.

DÉPLACER UN TABLEAU

— DÉPLACER UN TABLEAU —

1 Placez le pointeur I sur le tableau à déplacer. Une poignée ($\boxplus$) apparaît.

Note. Vous devrez peut-être vous décaler vers la gauche pour voir la poignée.

2 Placez le pointeur I sur la poignée (I devient $\overset{+}{\underset{+}{\leftrightarrow}}$).

3 Glissez-déposez le tableau à un nouvel endroit.

■ Un contour en pointillés indique le nouvel emplacement.

Vous pouvez déplacer
un tableau d'un endroit
à un autre de votre
document.

Pianiste	Âge	Œuvre
Aline Fourrier	12	« Hymne á la joie » de Beethoven
Boris Jourta	11	« Sérénade » de Schubert
Jérémie Ardoux	12	« Ave Maria » de Schubert

■ Le tableau apparaît
au nouvel endroit.

REDIMENSIONNER UN TABLEAU

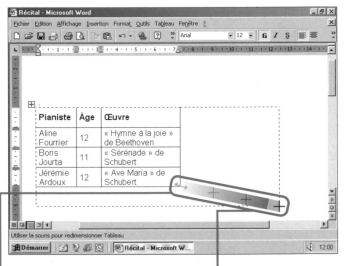

REDIMENSIONNER UN TABLEAU

1 Placez le pointeur I sur le tableau à redimensionner. Une poignée (□) apparaît.

2 Placez le pointeur I sur la poignée (I devient ↖).

3 Faites glisser la poignée jusqu'à ce que le tableau ait la taille souhaitée.

■ Un contour en pointillés indique les nouvelles dimensions.

82

Vous pouvez modifier
la taille d'un tableau,
afin d'en améliorer la
présentation.

Pianiste	Âge	Œuvre
Aline Fourrier	12	« Hymne à la joie » de Beethoven
Boris Jourta	11	« Sérénade » de Schubert
Jérémie Ardoux	12	« Ave Maria » de Schubert

■ Le tableau adopte
la nouvelle taille.

AJOUTER UNE FORME AUTOMATIQUE

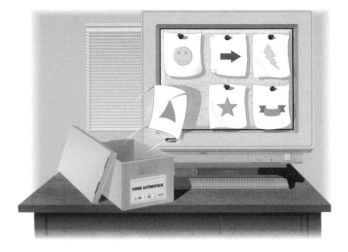

■■■ AJOUTER UNE FORME AUTOMATIQUE ■■■

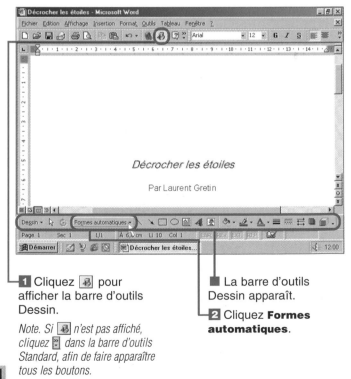

1 Cliquez 🖉 pour afficher la barre d'outils Dessin.

Note. Si 🖉 n'est pas affiché, cliquez ⸼ dans la barre d'outils Standard, afin de faire apparaître tous les boutons.

■ La barre d'outils Dessin apparaît.

2 Cliquez **Formes automatiques**.

Word propose beaucoup de formes prédéfinies, appelées formes automatiques, que vous pouvez insérer dans votre document.

Word ne peut afficher une forme automatique qu'en modes Page et Web.

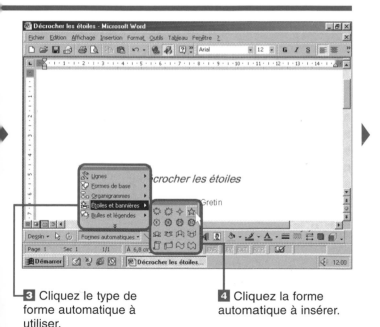

3 Cliquez le type de forme automatique à utiliser.

4 Cliquez la forme automatique à insérer.

AJOUTER UNE FORME AUTOMATIQUE

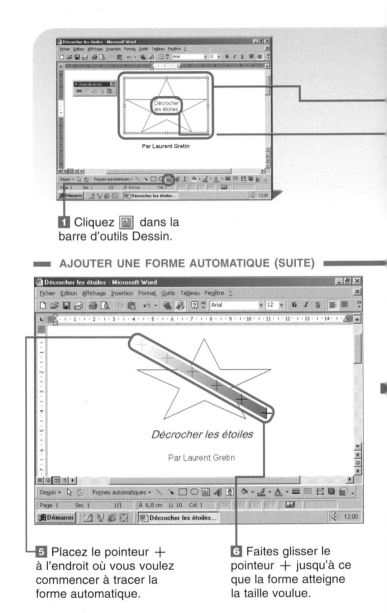

1 Cliquez 📐 dans la
barre d'outils Dessin.

5 Placez le pointeur +
à l'endroit où vous voulez
commencer à tracer la
forme automatique.

6 Faites glisser le
pointeur + jusqu'à ce
que la forme atteigne
la taille voulue.

Vous pouvez ajouter du texte dans une forme automatique.

2 Cliquez la forme automatique destinée à recevoir du texte.

3 Saisissez le texte à insérer dans la forme automatique.

4 Une fois le texte tapé, cliquez hors de la forme automatique.

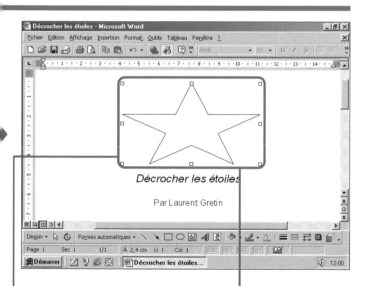

■ La forme automatique apparaît dans votre document. Les poignées (□) qui l'entourent permettent d'en modifier la taille.

7 Pour masquer les poignées, cliquez hors de la forme automatique.

Note. Pour masquer la barre d'outils Dessin, répétez l'étape 1.

SUPPRIMER UNE FORME AUTOMATIQUE

1 Cliquez l'un des bords de la forme automatique à supprimer, puis appuyez sur la touche Suppr.

87

AJOUTER UN EFFET DE TEXTE

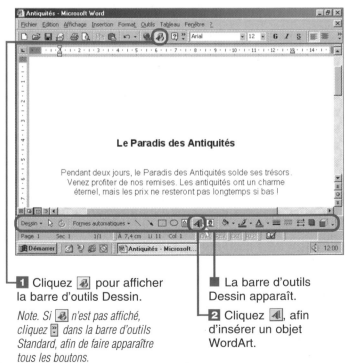

AJOUTER UN EFFET DE TEXTE

1 Cliquez 🖳 pour afficher la barre d'outils Dessin.

Note. Si 🖳 n'est pas affiché, cliquez 🔽 dans la barre d'outils Standard, afin de faire apparaître tous les boutons.

■ La barre d'outils Dessin apparaît.

2 Cliquez 📐, afin d'insérer un objet WordArt.

Vous pouvez utiliser la fonction WordArt pour ajouter un effet de texte dans votre document.

De tels effets permettent d'améliorer la présentation d'un titre ou d'attirer l'attention sur des informations importantes.

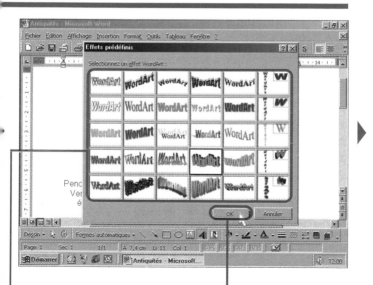

■ La boîte de dialogue Effets prédéfinis s'affiche.

3 Cliquez le type d'effet à ajouter dans votre document.

4 Cliquez **OK**, afin de valider votre choix.

AJOUTER UN EFFET DE TEXTE

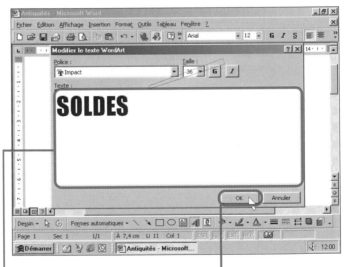

■ La boîte de dialogue Modifier le texte WordArt apparaît.

5 Saisissez le texte destiné à recevoir l'effet prédéfini.

6 Cliquez **OK**, afin d'insérer l'effet de texte dans votre document.

Pour modifier un modifier un effet de texte, procédez ainsi :

■ Double-cliquez l'effet de texte pour ouvrir la boîte de dialogue Modifier le texte WordArt.

■ Changez ensuite le texte dans cette boîte de dialogue.

■ Une fois les modifications apportées, cliquez **OK**, afin de les répercuter dans votre document.

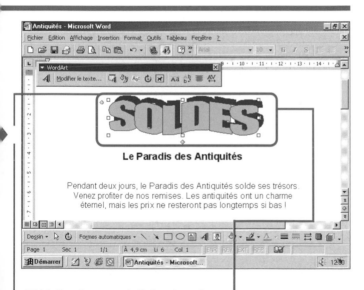

■ L'effet de texte s'affiche dans le document. Les poignées (□) qui l'entourent permettent d'en modifier la taille.

7 Pour masquer les poignées, cliquez hors de l'effet de texte.

Note. Pour masquer la barre d'outils Dessin, répétez l'étape 1.

SUPPRIMER UN EFFET DE TEXTE

1 Cliquez l'effet de texte à supprimer, puis appuyez sur la touche Suppr .

AJOUTER UNE IMAGE CLIPART

AJOUTER UNE IMAGE CLIPART

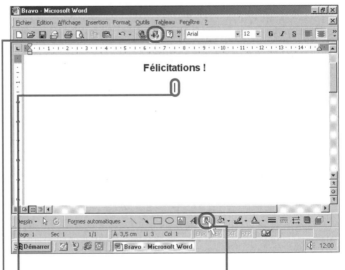

1 Cliquez à l'endroit où vous voulez ajouter une image clipart.

2 Cliquez 🖼 pour afficher la barre d'outils Dessin.

Note. Si 🖼 n'est pas affiché, cliquez 📄 dans la barre d'outils Standard, afin de faire apparaître tous les boutons.

3 Cliquez 🖼, afin d'insérer une image de la bibliothèque.

■ La boîte de dialogue Insérer un élément apparaît.

Word contient des images clipart, créées par des professionnels, que vous pouvez intégrer dans votre document.

Ces graphismes permettent notamment d'illustrer des concepts et de renforcer l'intérêt de votre document.

4 Cliquez l'onglet **Images**.

5 Cliquez la catégorie à laquelle appartient l'image recherchée.

■ Les images clipart qui composent la catégorie sélectionnée s'affichent.

AJOUTER UNE IMAGE CLIPART

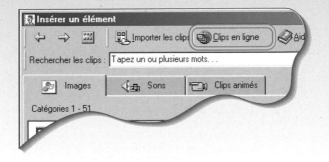

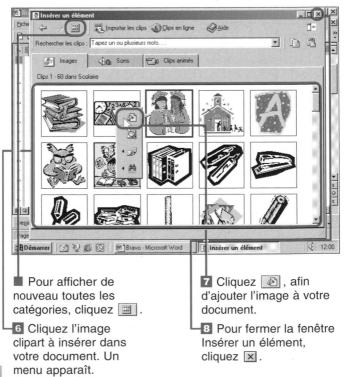

■ Pour afficher de nouveau toutes les catégories, cliquez [▦].

6 Cliquez l'image clipart à insérer dans votre document. Un menu apparaît.

7 Cliquez [⬀], afin d'ajouter l'image à votre document.

8 Pour fermer la fenêtre Insérer un élément, cliquez [✕].

Si vous êtes connecté à l'Internet, vous pouvez vous rendre sur le site de Microsoft consacré à la bibliothèque d'images, afin d'y trouver d'autres clips. Dans la fenêtre Insérer un élément, cliquez **Clips en ligne**. Cliquez ensuite **OK** dans la boîte de dialogue qui s'affiche, en vue de vous connecter au site Web.

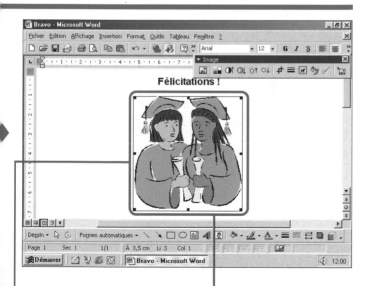

■ L'image clipart apparaît dans votre document. Pour la déplacer ou la redimensionner, consultez la page 104.

Note. Pour masquer la barre d'outils Dessin, répétez l'étape 2.

SUPPRIMER UNE IMAGE CLIPART

1 Cliquez l'image à supprimer, puis appuyez sur la touche Suppr.

AJOUTER UNE IMAGE

AJOUTER UNE IMAGE

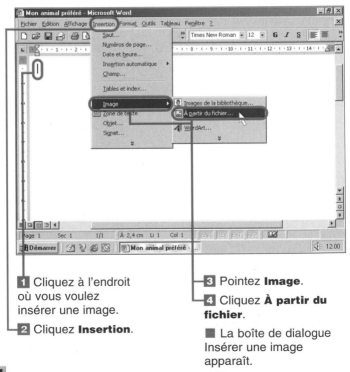

1 Cliquez à l'endroit où vous voulez insérer une image.

2 Cliquez **Insertion**.

3 Pointez **Image**.

4 Cliquez **À partir du fichier**.

■ La boîte de dialogue Insérer une image apparaît.

Vous pouvez intégrer
dans votre document
une image stockée sur
votre ordinateur.

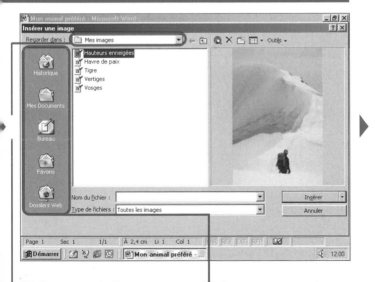

■ Cette zone indique
l'emplacement des fichiers
affichés. Cliquez-la pour
changer d'emplacement.

■ Cette zone permet
d'accéder aux dossiers
fréquemment utilisés. Pour
afficher le contenu de l'un
d'entre eux, cliquez le
dossier voulu.

AJOUTER UNE IMAGE

5 Cliquez le nom de l'image à insérer.

■ Cette zone donne un aperçu de l'image sélectionnée.

6 Cliquez **Insérer**, afin d'ajouter l'image à votre document.

Vous pouvez créer vos propres images avec un logiciel de dessin ou en stocker de nouvelles dans votre ordinateur par l'intermédiaire d'un scanner.

Vous trouverez également des collections d'images chez la plupart des revendeurs informatiques et sur l'Internet.

■ L'image apparaît dans votre document.

Note. Pour déplacer ou redimensionner une image, consultez la page 104.

SUPPRIMER UNE IMAGE

1 Cliquez l'image à supprimer, puis appuyez sur la touche Suppr .

99

AJOUTER UNE ZONE DE TEXTE

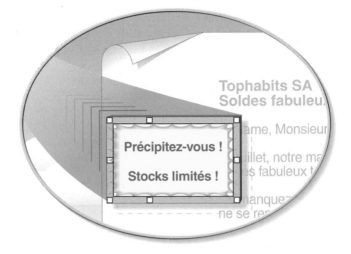

■■■ AJOUTER UNE ZONE DE TEXTE ■■■

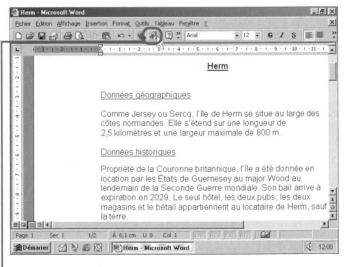

1 Cliquez 🔲 pour afficher la barre d'outils Dessin.

Note. Si 🔲 n'est pas affiché, cliquez 🔲 dans la barre d'outils Standard, afin de faire apparaître tous les boutons.

■ La barre d'outils Dessin apparaît.

Vous pouvez placer une zone de texte dans votre document afin d'afficher des informations supplémentaires dans votre fichier.

Word ne peut afficher une zone de texte qu'en modes Page et Web.

2 Cliquez 🖺 , pour insérer une zone de texte.

3 Placez le pointeur + à l'endroit où vous voulez commencer à tracer la zone de texte.

4 Faites glisser le pointeur + jusqu'à ce que la zone de texte atteigne la taille voulue.

AJOUTER UNE ZONE DE TEXTE

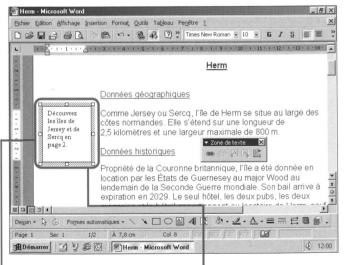

■ La zone de texte apparaît dans votre document.

5 Saisissez le texte à faire figurer dans la zone de texte.

■ Les poignées (□) qui entourent la zone de texte permettent de modifier la taille de cette dernière. Pour déplacer ou redimensionner une zone de texte, consultez la page 104.

Vous pouvez modifier le texte
d'une zone de texte comme
n'importe quel autre texte
de votre document.

Une fois les changements
apportés, cliquez hors de
la zone de texte.

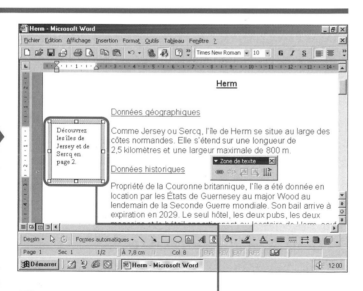

6 Pour masquer les
poignées, cliquez hors de
la zone de texte.

*Note. Pour masquer la barre
d'outils Dessin, répétez l'étape 1.*

**SUPPRIMER UNE
ZONE DE TEXTE**

1 Cliquez l'un des
bords de la zone de
texte à supprimer,
puis appuyez sur la
touche Suppr.

DÉPLACER OU REDIMENSIONNER UN GRAPHISME

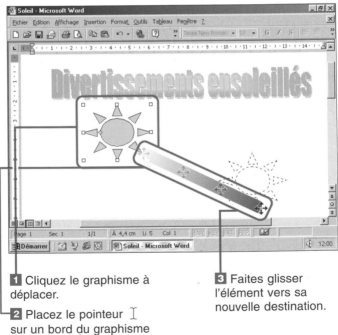

1 Cliquez le graphisme à déplacer.

2 Placez le pointeur ⊺ sur un bord du graphisme (⊺ devient ✛ ou ↖).

3 Faites glisser l'élément vers sa nouvelle destination.

Vous pouvez modifier
l'emplacement ou
la taille d'un graphisme
dans votre document.

Word ne peut afficher
un graphisme qu'en
modes Page et Web.

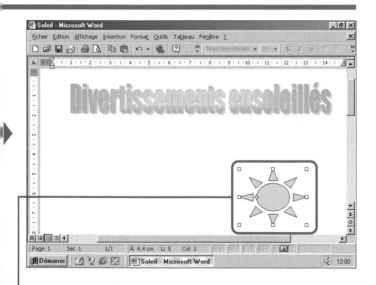

■ Le graphisme apparaît
au nouvel endroit.

*Note. Si vous rencontrez des
problèmes au moment de
déplacer un graphisme, consultez
la page 112, afin de modifier la
disposition du texte autour de cet
élément : la technique présentée
permet de mieux contrôler le
positionnement du graphisme.*

DÉPLACER OU REDIMENSIONNER UN GRAPHISME

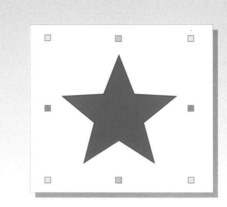

REDIMENSIONNER UN GRAPHISME

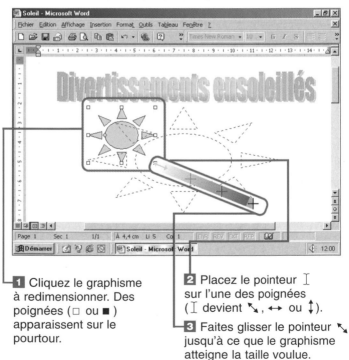

1 Cliquez le graphisme à redimensionner. Des poignées (□ ou ■) apparaissent sur le pourtour.

2 Placez le pointeur I sur l'une des poignées (I devient ↖, ↔ ou ↕).

3 Faites glisser le pointeur ↖ jusqu'à ce que le graphisme atteigne la taille voulue.

Les poignées d'un graphisme permettent de le redimensionner.

- ☐ Modifie la hauteur d'un graphisme
- ■ Modifie la largeur d'un graphisme
- ☐ Modifie simultanément la hauteur et la largeur d'un graphisme

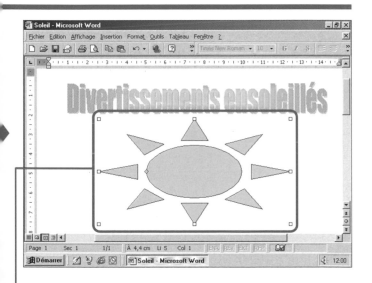

■ Le graphisme adopte les nouvelles dimensions.

107

CHANGER LA COULEUR D'UN GRAPHISME

CHANGER LA COULEUR D'UN GRAPHISME

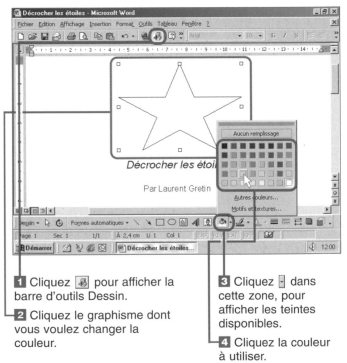

1 Cliquez 🤚 pour afficher la barre d'outils Dessin.

2 Cliquez le graphisme dont vous voulez changer la couleur.

3 Cliquez 🔽 dans cette zone, pour afficher les teintes disponibles.

4 Cliquez la couleur à utiliser.

Vous pouvez modifier
la teinte d'un graphisme
dans votre document.

Word ne peut afficher
un graphisme qu'en
modes Page et Web.

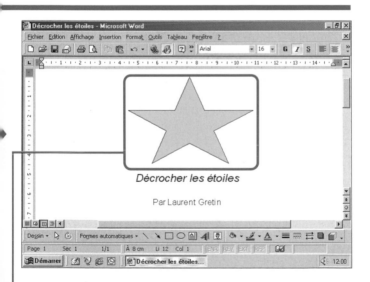

■ Le graphisme
sélectionné adopte la
nouvelle teinte.

■ Pour désélectionner le
graphisme, cliquez hors
de ce dernier.

■ Pour retirer la couleur
d'un graphisme, répétez
les étapes **1** à **4**, en
cliquant cette fois **Aucun
remplissage** à l'étape **4**.

109

APPLIQUER UN EFFET 3D

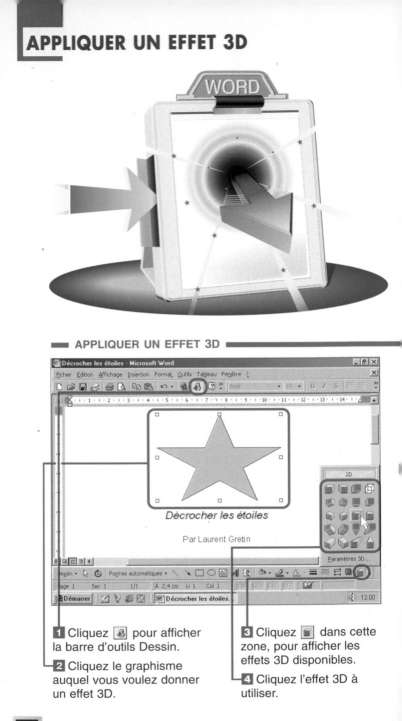

APPLIQUER UN EFFET 3D

1 Cliquez 🔊 pour afficher la barre d'outils Dessin.

2 Cliquez le graphisme auquel vous voulez donner un effet 3D.

3 Cliquez 🔲 dans cette zone, pour afficher les effets 3D disponibles.

4 Cliquez l'effet 3D à utiliser.

110

Vous pouvez appliquer un *effet 3D* à un graphisme.

Word ne peut afficher un graphisme qu'en modes Page et Web.

■ L'effet 3D est appliqué au graphisme sélectionné.

■ Pour désélectionner le graphisme, cliquez hors de ce dernier.

■ Pour retirer l'effet 3D d'un graphisme, répétez les étapes **1** à **4**, en cliquant cette fois **2D** à l'étape **4**.

HABILLER DU TEXTE AUTOUR D'UN GRAPHISME

■■■ HABILLER DU TEXTE AUTOUR D'UN GRAPHISME ■■■

1 Cliquez le graphisme autour duquel vous voulez habiller du texte.

Après avoir ajouté un graphisme
à votre document, vous pouvez
définir comment le texte se
placera autour de cet élément.

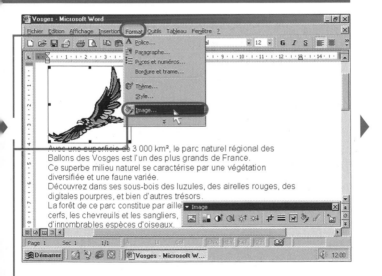

2 Cliquez **Format**.

3 Choisissez la
commande correspondant
au type de graphisme
sélectionné, comme
Forme automatique,
Image ou **WordArt**.

■ La boîte de
dialogue Format
apparaît.

113

HABILLER DU TEXTE AUTOUR
D'UN GRAPHISME

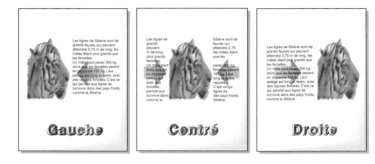

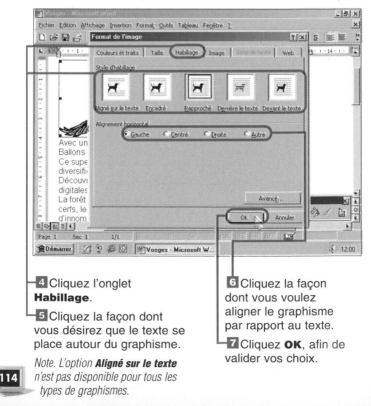

4 Cliquez l'onglet
Habillage.

5 Cliquez la façon dont
vous désirez que le texte se
place autour du graphisme.

*Note. L'option **Aligné sur le texte**
n'est pas disponible pour tous les
types de graphismes.*

6 Cliquez la façon
dont vous voulez
aligner le graphisme
par rapport au texte.

7 Cliquez **OK**, afin de
valider vos choix.

Word peut aligner un
graphisme à gauche,
au centre ou à droite
d'un texte.

■ Le texte s'inscrit
autour du graphisme.

■ Pour désélectionner
le graphisme, cliquez
hors de ce dernier.

UTILISER UN STYLE

CRÉER UN STYLE

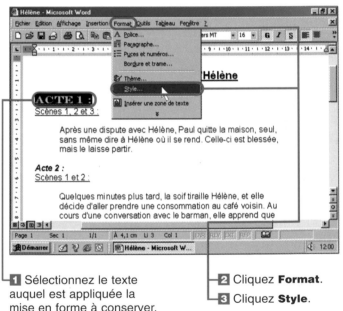

1 Sélectionnez le texte auquel est appliquée la mise en forme à conserver.

2 Cliquez **Format**.

3 Cliquez **Style**.

Vous pouvez créer un style
destiné à conserver une mise
en forme qui vous plaît.

Par la suite, vous l'utiliserez
pour appliquer rapidement
cette mise en forme au texte
de vos documents.

■ La boîte de dialogue
Style s'affiche.

4 Cliquez **Nouveau**,
afin de créer un
nouveau style.

UTILISER UN STYLE

Il existe une différence importante entre un style de caractère et un style de paragraphe.

Style de caractère

Un style de caractère comprend la mise en forme qui modifie l'aspect de caractères individuels, comme une mise en gras, un soulignement et une couleur de texte.

CRÉER UN STYLE (SUITE)

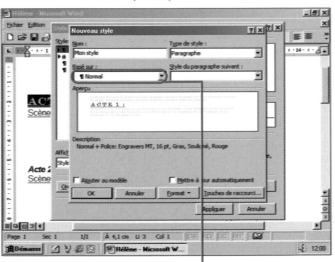

■ La boîte de dialogue Nouveau style s'affiche.

5 Saisissez un nom pour ce nouveau style.

Style de paragraphe

Un style de paragraphe comprend
la mise en forme qui modifie l'aspect de
caractères individuels et de paragraphes
entiers, comme l'alignement du texte, les
tabulations et l'espacement des lignes.

6 Cliquez cette zone,
afin de sélectionner
un type de style.

7 Cliquez le type de style
à créer.

*Note. Pour plus d'informations
sur les types de style,
consultez le haut de cette page.*

119

UTILISER UN STYLE

CRÉER UN STYLE (SUITE)

8 Pour appliquer ce style à tous les nouveaux documents que vous créerez, cliquez **Ajouter au modèle** (☐ devient ✔).

9 Cliquez **OK**, afin de valider vos choix.

Une fois créé,
un style peut être
appliqué au texte
de votre document.

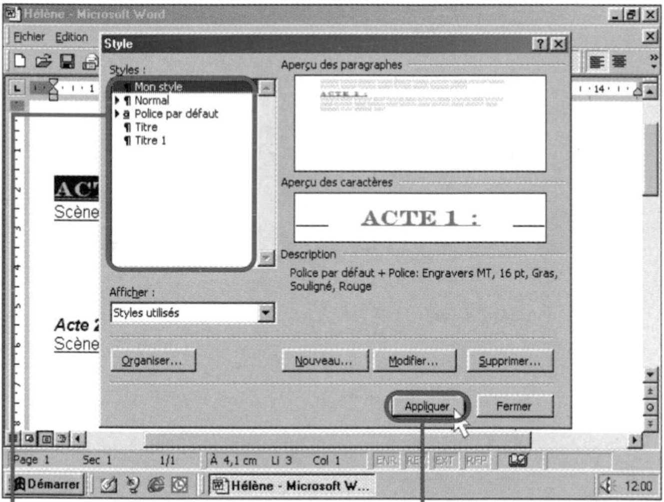

■ Le nom du style
apparaît dans cette zone.

10 Cliquez **Appliquer**.

121

UTILISER UN STYLE

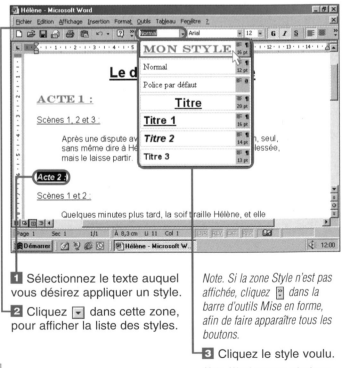

1 Sélectionnez le texte auquel vous désirez appliquer un style.

2 Cliquez ▾ dans cette zone, pour afficher la liste des styles.

Note. Si la zone Style n'est pas affichée, cliquez ▸ dans la barre d'outils Mise en forme, afin de faire apparaître tous les boutons.

3 Cliquez le style voulu.

Note. Word propose plusieurs styles prédéfinis.

Les styles peuvent vous faire gagner du temps si vous voulez appliquer la même mise en forme à des passages différents de votre document.

Ils garantissent aussi une certaine homogénéité dans la présentation du texte de votre document.

■ Word applique le style au texte sélectionné.

■ Pour désélectionner du texte, cliquez hors de la sélection.

UTILISER UN STYLE

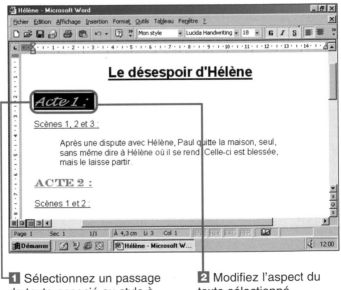

1 Sélectionnez un passage de texte associé au style à modifier.

2 Modifiez l'aspect du texte sélectionné.

Vous pouvez modifier
un style préalablement
créé.

Word répercute alors ces
changements automatiquement
sur l'ensemble du texte associé
à ce style.

3 Cliquez dans cette
zone et appuyez sur la
touche Entrée .

*Note. Si la zone Style n'est pas
affichée, cliquez ⟩⟩ dans la
barre d'outils Mise en forme,
afin de faire apparaître tous les
boutons.*

UTILISER UN STYLE

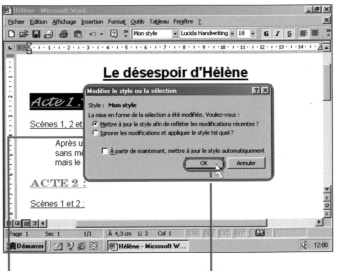

MODIFIER UN STYLE (SUITE)

■ La boîte de dialogue Modifier le style ou la sélection apparaît.

4 Cliquez **OK**, afin de modifier le style.

Vous voudrez parfois modifier un style existant dans le but de changer rapidement la présentation d'un document.

Vous pouvez essayer plusieurs mises en forme jusqu'à ce que le document corresponde à vos souhaits.

■ Tous les passages de texte mis en forme avec ce style reflètent les modifications.

■ Pour désélectionner du texte, cliquez hors de la sélection.

APPLIQUER UN THÈME

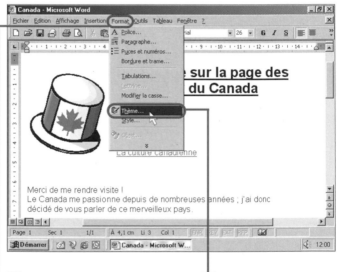

1 Ouvrez le document auquel vous souhaitez appliquer un thème.

2 Cliquez **Format**.

3 Cliquez **Thème**.

■ La boîte de dialogue Thème apparaît.

Word propose de nombreux
modèles de conception
prédéfinis, appelés thèmes,
qui permettent de changer
la présentation de votre
document.

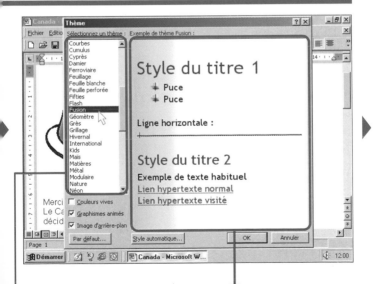

■ Cette zone
répertorie les thèmes
existants.

4 Cliquez un thème
à appliquer à votre
document.

■ Cette zone donne
un aperçu du thème
sélectionné.

APPLIQUER UN THÈME

APPLIQUER UN THÈME (SUITE)

■ Répétez l'étape **4** jusqu'à ce qu'apparaisse le thème souhaité.

5 Cliquez **OK**, afin d'appliquer le thème à votre document.

Lorsqu'un thème donné
n'est pas installé sur votre
ordinateur, aucun aperçu ne
vous en est proposé.

Pour installer ce thème,
insérez le CD-ROM employé
pour l'installation de Word
dans le lecteur correspondant,
puis cliquez **Installer**.

■ Le thème choisi
est appliqué à votre
document.

■ Pour retirer un thème,
répétez les étapes **1** à **5**, en
choisissant cette fois **(Aucun
Thème)** à l'étape **4**.

UTILISER UN MODÈLE OU UN ASSISTANT

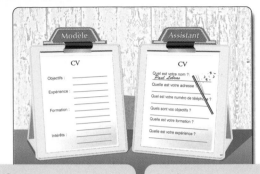

Modèle

Un modèle est un document qui prévoit des zones à remplir avec des informations personnelles.

Assistant

Un assistant pose une série de questions, puis crée un document en fonction de vos réponses.

UTILISER UN MODÈLE OU UN ASSISTANT

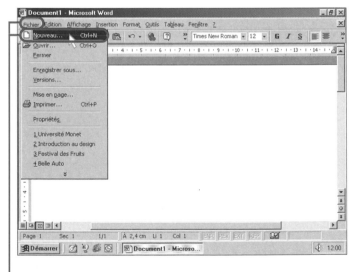

1 Cliquez **Fichier**.

2 Cliquez **Nouveau**.

■ La boîte de dialogue Nouveau apparaît.

Vous pouvez recourir aux modèles et aux assistants pour gagner du temps lorsque vous créez des types de documents courants.

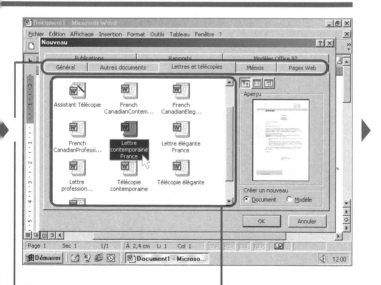

3 Cliquez l'onglet correspondant au type de document à créer.

4 Cliquez le modèle ou l'assistant correspondant au type de document à créer.

*Note. Vous reconnaîtrez un assistant au mot **Assistant** qui figure dans son nom.*

UTILISER UN MODÈLE OU UN ASSISTANT

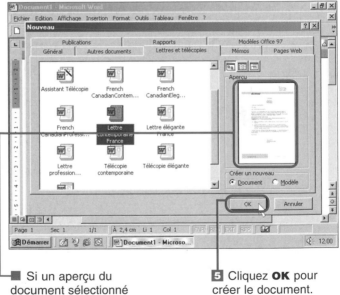

■ UTILISER UN MODÈLE OU UN ASSISTANT (SUITE) ■

■ Si un aperçu du
document sélectionné
est disponible, il s'affiche
dans cette zone.

5 Cliquez **OK** pour
créer le document.

Une boîte de dialogue s'affiche quand le modèle, ou l'assistant, sélectionné n'est pas stocké sur votre ordinateur.

Insérez le CD-ROM utilisé pour l'installation de Word dans le lecteur adéquat, puis cliquez **OK**, afin d'installer le modèle ou l'assistant.

■ Le document s'affiche à l'écran.

Note. Si vous avez sélectionné un assistant à l'étape 4, Word pose une série de questions avant de créer le document.

6 Complétez le document en saisissant vos informations personnelles dans les zones adéquates.

CRÉER UN MODÈLE

CRÉER UN MODÈLE

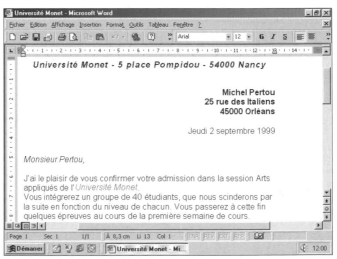

1 Ouvrez le document devant servir de base au modèle.

Vous pouvez créer un modèle
à partir de n'importe quel
document.

Recourir à un modèle permet
de produire rapidement d'autres
documents avec une mise en
forme, une mise en page et un
texte identiques.

2 Cliquez **Fichier**.

3 Cliquez **Enregistrer
sous**.

■ La boîte de
dialogue Enregistrer
sous apparaît.

CRÉER UN MODÈLE

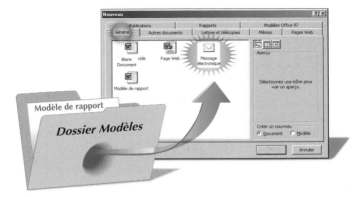

■ Saisissez un nom pour votre modèle.

◢4◣ Cliquez cette zone, afin d'enregistrer votre document en tant que modèle.

◢5◣ Cliquez **Modèle de document**.

Word stocke les
modèles créés dans le
dossier Modèles.

Pour ouvrir l'un d'entre eux, effectuez
les étapes **1** à **6** qui commencent à la
page 132, en cliquant cette fois l'onglet
Général à l'étape **3**.

■ Cette zone indique
le dossier dans lequel
Word stockera votre
modèle.

6 Cliquez **Enregistrer**,
afin d'enregistrer votre
document en tant que
modèle.

ENREGISTRER UNE MACRO

ENREGISTRER UNE MACRO

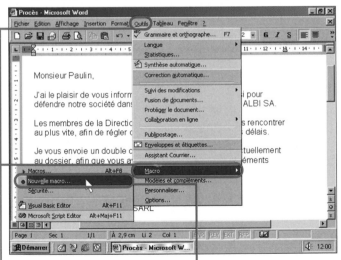

1 Cliquez **Outils**.

2 Pointez **Macro**.

Note. Si Macro n'apparaît pas dans le menu, placez le pointeur ⬦ au bas du menu, afin d'afficher toutes ses commandes.

3 Cliquez **Nouvelle macro**.

■ La boîte de dialogue Enregistrer une macro apparaît.

Une macro permet de
gagner du temps en
réunissant plusieurs
commandes en une
seule.

Procès - Microsoft Word

Fichier Edition Affichage Insertion Format Outils Tableau Fenêtre ?

Arial   12   **G** *I* S

Monsieur Paulin

J'ai le plaisir de
défendre notre s

Les membres de   er
au plus vite, afin

Je vous envoie u   nt
au dossier, afin
nécessaires en

Salutations
Laurent Nota
Vice-Président de L'Artiste SARL

Enregistrer une macro

Nom de la macro :
logo

OK

Annuler

Affecter la macro au(x)

Barres d'outils   Clavier

Enregistrer la macro dans :
Tous les documents (normal.dot)

Description :
Macro enregistrée le 17/06/99 par Nathalie

Page 1   Sec 1   1/1   À 2,9 cm   Li 2   Col 1   ENR REV EXT RFP

Démarrer   Procès - Microsoft W...   12:00

4 Saisissez un nom
pour la macro.

*Note. Un nom de macro doit
commencer par une lettre et
ne peut pas contenir d'espace.*

141

ENREGISTRER UNE MACRO

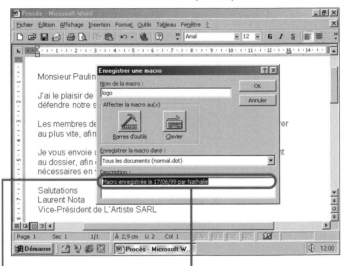

■ Word inscrit par défaut, comme description de macro, la date et votre nom.

5 Pour entrer une autre description, sélectionnez le texte existant en faisant glisser le pointeur $\mathtoprule{I}$ dessus, puis saisissez une nouvelle description.

Word enregistre toutes les
erreurs commises ou
rectifications apportées
lors de l'enregistrement
d'une macro.

Avant l'enregistrement, mieux
vaut donc prévoir et effectuer à
titre d'essai toutes les opérations
que vous souhaitez y inclure.

6 Cliquez **Clavier**, afin
d'affecter un raccourci
clavier à la macro.

■ La boîte de dialogue
Personnaliser le clavier
apparaît.

ENREGISTRER UNE MACRO

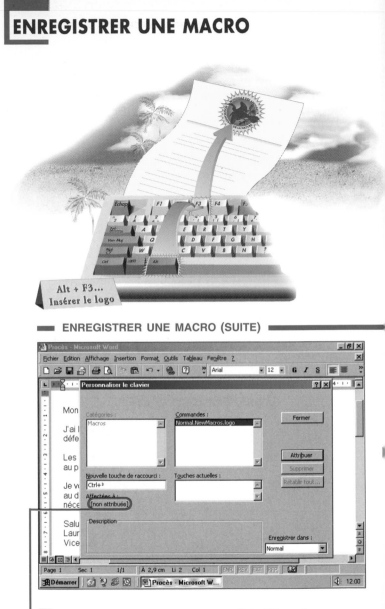

Alt + F3...
Insérer le logo

ENREGISTRER UNE MACRO (SUITE)

7 Pour associer un raccourci clavier à la macro, pressez et maintenez enfoncée la touche `Alt`, puis appuyez sur une touche dotée d'une lettre ou d'un numéro.

■ Dans cette zone figurent les mots **[non attribuée]**.

*Note. Si les mots **[non attribuée]** ne s'affichent pas, le raccourci clavier que vous venez de taper est déjà affecté à une autre commande. Appuyez sur la touche `+Retour Arr`, afin de supprimer le raccourci, puis répétez l'étape **7**, en changeant de lettre ou de chiffre.*

Les macros conviennent parfaitement à des tâches que vous exécutez fréquemment au sein de vos documents.

Enregistrez régulièrement les modifications apportées à votre document, afin d'éviter de perdre votre travail.

8 Cliquez **Attribuer**, en vue d'affecter le raccourci clavier à votre macro.

9 Cliquez **Fermer**, afin de valider votre modification.

ENREGISTRER UNE MACRO

> Monsieur Paulin,
>
> J'ai le plaisir de vous informer que nous vous avons choisi pour défendre notre société dans le contentieux qui l'oppose à ALBI SA.
>
> Les membres de la Direction et moi-même aimerions vous rencontrer au plus vite, afin de régler cette affaire dans les plus brefs délais.

ENREGISTRER UNE MACRO (SUITE)

■ La barre d'outils Arrêter l'enregistrement apparaît à l'écran.

10 Effectuez les opérations à enregistrer dans la macro.

■ Dans cet exemple, nous insérons les informations relatives à la société dans le document.

Pendant l'enregistrement d'une macro, vous ne pouvez recourir à la souris que pour cliquer des boutons de barres d'outils ou des commandes de menus.

Il est impossible de s'en servir pour déplacer le point d'insertion ou sélectionner du texte.

11 Après avoir réalisé toutes les étapes à inclure dans la macro, cliquez ■.

EXÉCUTER UNE MACRO

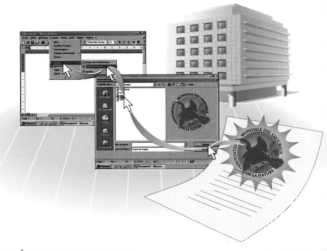

EXÉCUTER UNE MACRO

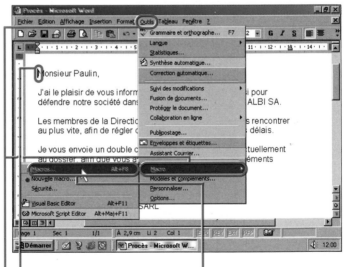

1 Placez le point d'insertion à l'endroit où la macro doit produire son effet.

2 Cliquez **Outils**.

3 Pointez **Macro**.

Note. Si Macro n'apparaît pas dans le menu, placez le pointeur ⇖ au bas du menu, afin d'afficher toutes ses commandes.

4 Cliquez **Macros**.

Lorsque vous exécutez une
macro, Word réalise
automatiquement les
opérations préalablement
enregistrées.

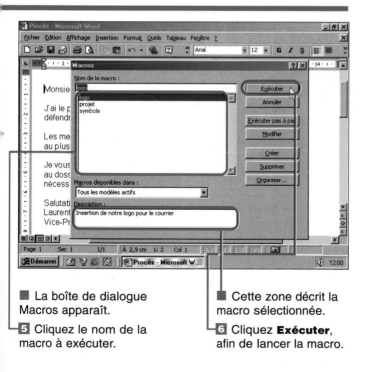

■ La boîte de dialogue
Macros apparaît.

5 Cliquez le nom de la
macro à exécuter.

■ Cette zone décrit la
macro sélectionnée.

6 Cliquez **Exécuter**,
afin de lancer la macro.

EXÉCUTER UNE MACRO

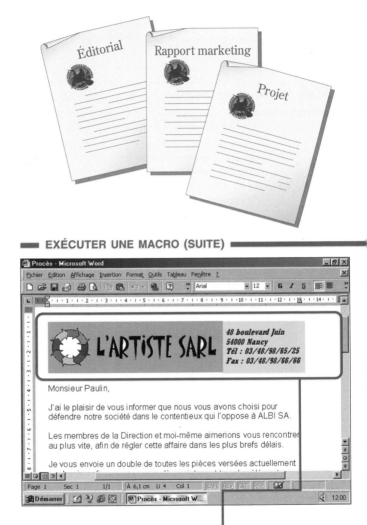

EXÉCUTER UNE MACRO (SUITE)

■ La macro exécute les actions précédemment enregistrées.

■ Dans cet exemple, la macro a inséré les informations relatives à la société dans le document.

Une fois enregistrée, une
macro peut être exécutée
dans n'importe quel
document Word.

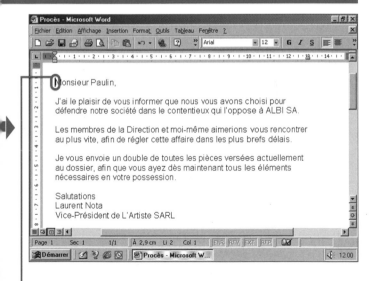

EXÉCUTER UNE MACRO
À PARTIR DU CLAVIER

■1 Placez le point
d'insertion à l'endroit où
la macro doit produire
son effet.

■2 Tapez le raccourci
clavier affecté à la
macro.

■ La macro exécute les
actions préalablement
enregistrées.

CRÉER UNE NOUVELLE BARRE D'OUTILS

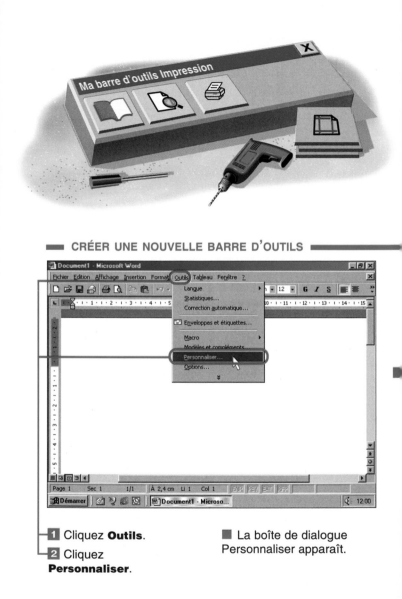

CRÉER UNE NOUVELLE BARRE D'OUTILS

1 Cliquez **Outils**.

2 Cliquez **Personnaliser**.

■ La boîte de dialogue Personnaliser apparaît.

Vous pouvez créer une
nouvelle barre d'outils, où
figurent tous les boutons
et commandes que vous
utilisez fréquemment.

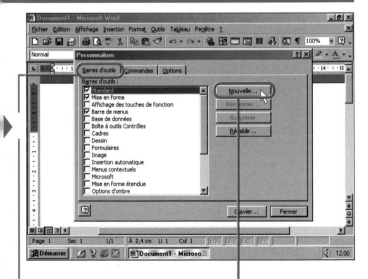

3 Cliquez l'onglet
Barres d'outils.

4 Cliquez **Nouvelle**,
afin de créer une
nouvelle barre d'outils.

■ La boîte de
dialogue Nouvelle
barre d'outils s'affiche.

CRÉER UNE NOUVELLE BARRE D'OUTILS

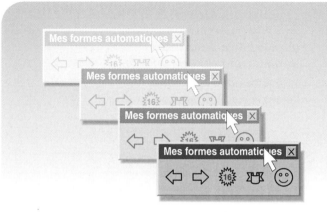

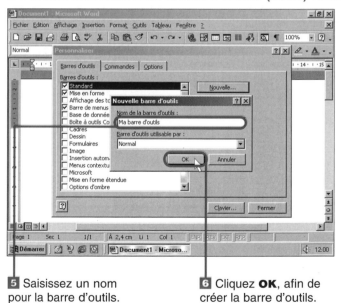

5 Saisissez un nom pour la barre d'outils.

6 Cliquez **OK**, afin de créer la barre d'outils.

Après avoir créé une nouvelle barre d'outils, vous pouvez la déplacer à un autre endroit de l'écran. Placez pour cela le pointeur ⌖ sur sa barre de titre et faites glisser la barre d'outils vers une nouvelle destination.

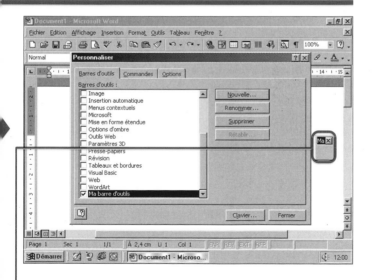

■ La nouvelle barre d'outils apparaît à l'écran.

CRÉER UNE NOUVELLE BARRE D'OUTILS

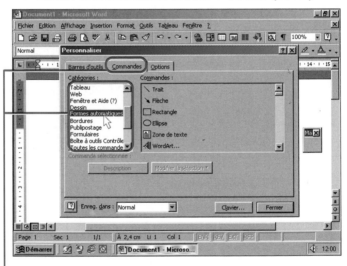

CRÉER UNE NOUVELLE BARRE D'OUTILS (SUITE)

7 Cliquez l'onglet **Commandes**.

8 Cliquez la catégorie à laquelle appartient le bouton à placer sur la barre d'outils.

*Note. Si vous ne connaissez pas la catégorie dont fait partie le bouton recherché, cliquez **Toutes les Commandes**, afin d'afficher l'ensemble des boutons.*

Après avoir créé une barre d'outils, vous pouvez y placer des boutons. Chacun d'eux exécutera une tâche différente.

Word met des centaines de boutons à votre disposition.

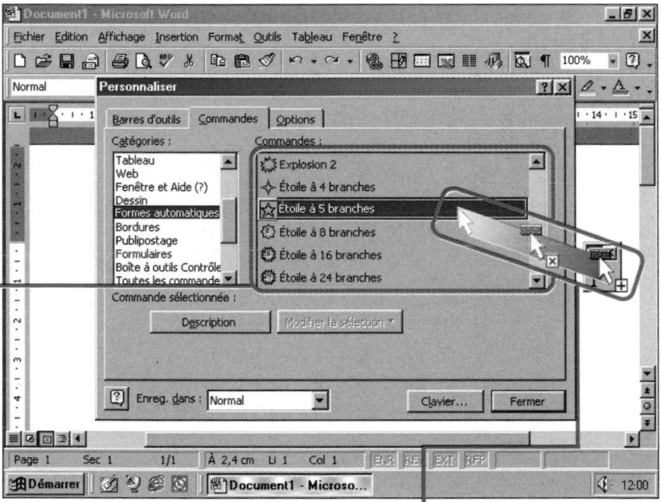

■ Cette zone répertorie les boutons contenus dans la catégorie sélectionnée.

9 Placez le pointeur sur le bouton à ajouter à la barre d'outils.

10 Faites glisser le bouton sur la barre. Un trait (I) indique où apparaîtra ce bouton.

CRÉER UNE NOUVELLE BARRE D'OUTILS

BARRE D'OUTILS STANDARD

CRÉER UNE NOUVELLE BARRE D'OUTILS (SUITE)

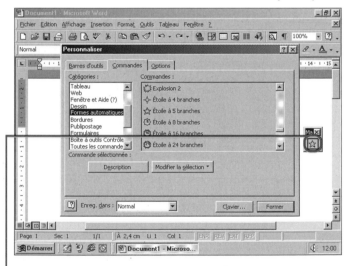

■ Le bouton apparaît
dans la barre d'outils.

Vous pouvez ajouter un bouton
à une barre d'outils prédéfinie
de Word.

Ouvrez la boîte de dialogue
Personnaliser en effectuant les
étapes **1** et **2** de la page 152,
puis passez aux étapes **7** à **12**
ci-dessous, afin d'ajouter un bouton
à la barre d'outils.

11 Répétez les étapes **8**
à **10** pour chaque bouton
à placer dans la barre
d'outils.

12 Après avoir ajouté tous
les boutons souhaités,
cliquez **Fermer**, afin de
quitter la boîte de dialogue
Personnaliser.

CRÉER UNE NOUVELLE BARRE D'OUTILS

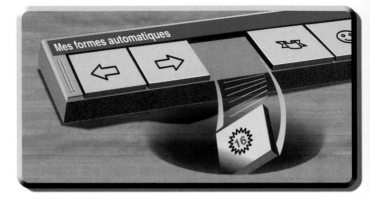

RETIRER UN BOUTON

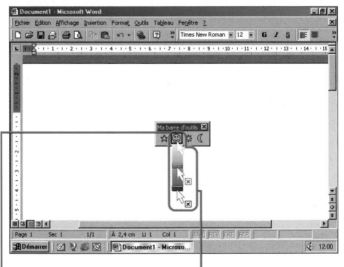

1 Affichez la barre d'outils à modifier.

2 Placez le pointeur ⩗ sur le bouton à retirer.

3 Pressez et maintenez enfoncée la touche **Alt**, puis faites glisser le bouton vers le bas, hors de la barre d'outils.

Vous pouvez retirer
d'une barre d'outils
des boutons devenus
inutiles.

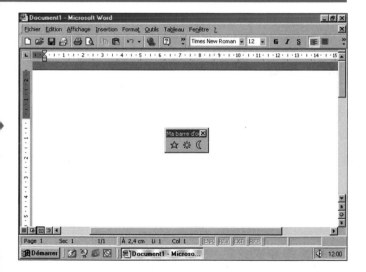

■ Le bouton disparaît
de la barre d'outils.

CRÉER UNE NOUVELLE BARRE D'OUTILS

═══ **DÉPLACER UN BOUTON** ═══

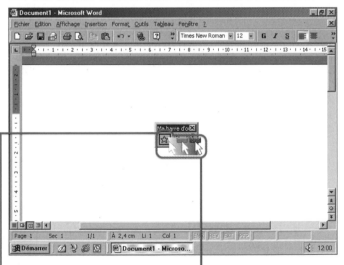

1 Affichez la barre d'outils à modifier.

2 Positionnez le pointeur ⌖ sur le bouton à déplacer.

3 Pressez et maintenez enfoncée la touche `Alt`, puis faites glisser le bouton vers sa nouvelle destination.

■ Un trait (|) indique où apparaîtra ce bouton.

Vous pouvez déplacer des boutons dans votre barre d'outils, afin de regrouper ceux relatifs à des tâches apparentées.

Cela permet de trouver plus facilement le bouton recherché.

■ Le bouton apparaît au nouvel emplacement dans la barre d'outils.

INTRODUCTION AU PUBLIPOSTAGE

━━ ÉTAPE 1 ━━

Créer un document principal

Le document principal correspond à la lettre
que vous voulez envoyer à toutes les
personnes de votre liste.

ABC Sarl

Versailles, le 4 août 1999

M. Blaise Deschamps
45, rue de l'Abreuvoir
77300 Fontainebleau

Cher Monsieur Deschamps,

Le 10 août 1999, la société AACOM donnera une garden-
party 15 rue du Parc à Versailles, pour fêter le départ à la
retraite de son président Philibert Chauvin, qui nous quitte
après 15 années passées au service de notre société.

Nous serions très heureux de vous compter parmi les
personnes présentes à cette manifestation.

Très cordialement

Marguerite Lambert
Vice-présidente

Vous pouvez recourir à la fonction Publipostage pour envoyer des lettres personnalisées à toutes les personnes d'une liste d'un envoi groupé.

Recourir au publipostage se révèle utile si vous envoyez souvent le même document, tel qu'une annonce ou une publicité, à un grand nombre de destinataires.

ÉTAPE 2

Créer une source de données

Une source de données contient les informations propres à chaque lettre, comme le nom et l'adresse de chaque destinataire d'un envoi groupé. Vous n'avez à la créer qu'une seule fois. Ensuite, vous pouvez la réutiliser pour vos prochains envois groupés. Une source de données se compose de champs et d'enregistrements.

Prénom	Nom	Adresse1	Code postal	Ville
Paul	Dupont	25, rue des Ormes	45000	Orléans
Anne	Frout	15, rue Principale	94453	Artenu
Gilles	Courti	2, place de la Mairie	94410	St-Maurice
Marie	Sade	14, rue Haute	14000	Caen
John	Merlin	78, rue de Varenne	54000	Nancy
David	Hampe	45, rue de Moscou	68000	Strasbourg

Champ
Un champ représente une catégorie spécifique d'informations. Chacun porte un nom, tel que Nom ou Ville.

Enregistrement
Un enregistrement regroupe toutes les informations propres à une seule personne de votre liste.

INTRODUCTION AU PUBLIPOSTAGE

Vous pouvez créer plusieurs types de documents avec la fonction Publipostage.

Lettres types   **Étiquettes fusionnées**

■■■ ÉTAPE 3 ■■■

Compléter le document principal

Pour compléter le document principal, vous devez y insérer des instructions spéciales qui marqueront l'emplacement des informations personnalisées, issues de la source de données.

Michel Lambert
15, rue du Hameau
75016 Paris

Clarisse Benест
28, rue des Montagnes
78000 Versailles

Berthe Loriot
7, allée des Promeneurs
77300 Fontainebleau

Yann Junge
86, quai de la Garonne
31000 Toulouse

Christian Lerouge
32, avenue de la Paix
75008 Paris

Pierre Berthier
19, rue de Staël
75015 Paris

Paul Mercier
54, rue des Lombards
75003 Paris

Bernadette Dupuits
30, avenue Rapp
75007 Paris

Enveloppes   **Catalogues**

ÉTAPE 4

Fusionner le document principal et la source de données

Vous combinez, ou fusionnez, le document principal et la source de données, en vue de créer une lettre personnalisée, destinée à chaque personne de votre liste d'envoi. Word remplace les instructions spéciales par les données individuelles, issues de la source de données.

CRÉER UN DOCUMENT PRINCIPAL

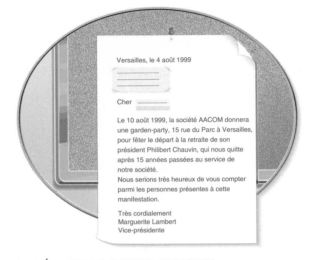

CRÉER UN DOCUMENT PRINCIPAL

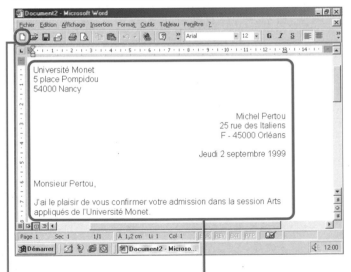

1 Cliquez ⬜ pour créer un nouveau document.

Note. Si ⬜ n'est pas affiché, cliquez ⯈ dans la barre d'outils Standard, afin de faire apparaître tous les boutons.

2 Saisissez la lettre à envoyer à toutes les personnes de votre liste. Insérez les données relatives à une seule personne.

3 Enregistrez le document.

Le document
principal renferme
le texte commun à
toutes les lettres.

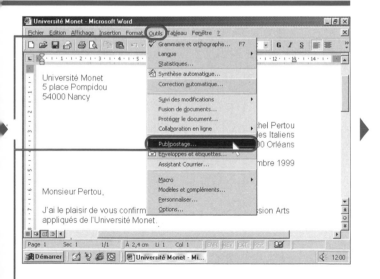

4 Cliquez **Outils**.

5 Cliquez **Publipostage**.

*Note. Si Publipostage n'apparaît
pas dans le menu, placez le
pointeur Ⓚ au bas du menu, afin
d'afficher toutes ses commandes.*

■ La boîte de dialogue
Aide au publipostage
apparaît.

CRÉER UN DOCUMENT PRINCIPAL

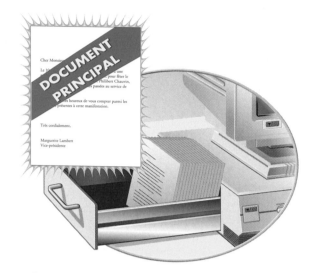

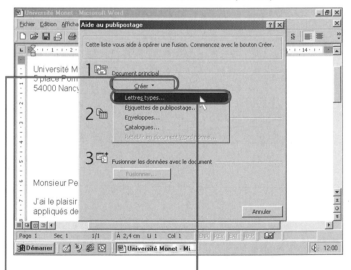

6 Cliquez **Créer**, afin de choisir le type de document principal à créer.

7 Cliquez **Lettres types**, pour produire une lettre que vous puissiez envoyer à toutes les personnes de votre liste d'envoi.

170

Un document créé
précédemment peut servir
de document principal.

Ouvrez le document à utiliser
comme document principal, puis
effectuez les étapes **4** à **8** qui
commencent à la page 168.

■ Une boîte de dialogue
apparaît.

8 Cliquez **Fenêtre active**, afin de transformer
le document affiché à
l'écran en document
principal.

■ Pour continuer, vous devez
créer une source de données
ou en ouvrir une existante.
Pour créer une source de
données, consultez la page
172. Pour en ouvrir une
déjà constituée, consultez
la page 184.

CRÉER UNE SOURCE DE DONNÉES

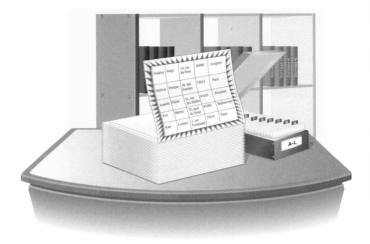

CRÉER UNE SOURCE DE DONNÉES

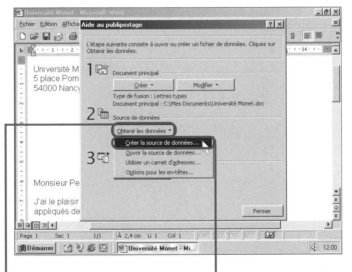

■ Avant de créer une source
de données, vous devez avoir
établi le document principal.
Pour créer un document
principal, consultez la page 168.

1 Cliquez **Obtenir les
données**.

2 Cliquez **Créer la
source de données**.

■ La boîte de dialogue
Créer une source de
données apparaît.

La source de données contient les informations individualisées, propres à chaque lettre, telles que le nom et l'adresse de chaque personne de votre liste d'envoi.

Vous ne devez créer une source de données qu'une seule fois. Pour ouvrir une source de données existante, consultez la page 184.

■ Word propose une liste de noms de champ couramment employés.

3 Pour retirer un nom de champ dont vous n'avez pas besoin, cliquez-le.

4 Cliquez **Supprimer un champ**.

■ Le nom du champ disparaît de la liste.

CRÉER UNE SOURCE DE DONNÉES

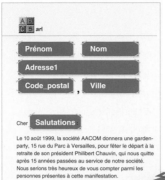

CRÉER UNE SOURCE DE DONNÉES (SUITE)

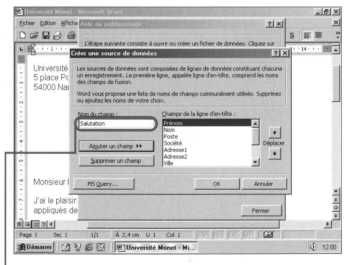

5 Pour ajouter un nom de champ à la liste, cliquez cette zone.

6 Saisissez le nom du champ et appuyez sur la touche **Entrée**.

Note. Un nom de champ ne peut pas contenir d'espaces et doit commencer par une lettre.

Un nom de champ est un nom donné
à une catégorie d'informations,
comme Prénom ou Ville.

Quand vous créez une source de
données, Word propose une liste de
noms de champ, parmi lesquels vous
pouvez choisir. Il est possible de
supprimer ou d'ajouter des noms de
champ en fonction de vos besoins.

■ Le nom du champ
apparaît dans la liste.

7 Supprimez et ajoutez
des noms jusqu'à ce que
la liste contienne tous les
champs souhaités.

8 Cliquez **OK**
pour continuer.

CRÉER UNE SOURCE DE DONNÉES

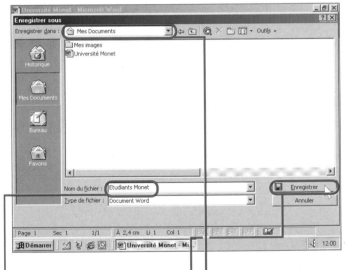

■ La boîte de dialogue Enregistrer sous apparaît.

9 Saisissez un nom pour la source de données.

■ Cette zone indique l'emplacement où Word enregistrera la source de données. Cliquez-la pour changer d'endroit.

10 Cliquez **Enregistrer**, afin d'enregistrer la source de données.

Après avoir nommé et enregistré la source de données, vous pouvez entrer les informations propres à chaque personne de votre liste d'envoi.

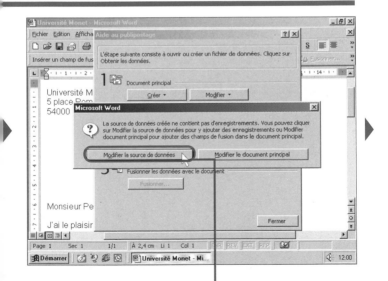

■ Un message apparaît, indiquant que la source de données ne contient pas d'enregistrements.

11 Cliquez **Modifier la source de données**, afin d'entrer les informations propres à chaque personne de la liste d'envoi.

CRÉER UNE SOURCE DE DONNÉES

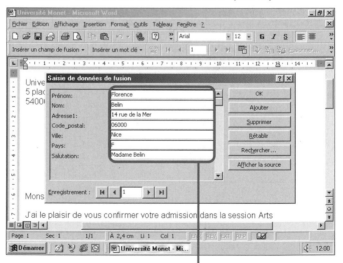

■ Cette zone affiche le numéro de l'enregistrement courant. Chaque enregistrement contient les informations d'une seule personne.

─── CRÉER UNE SOURCE DE DONNÉES (SUITE) ───

■ La boîte de dialogue Saisie de données de fusion apparaît, affichant des zones dans lesquelles vous pouvez entrer les informations relatives à chaque personne de votre liste d'envoi.

⓬ Cliquez chaque zone et saisissez les informations relatives à une personne.

Vous pouvez parcourir les informations préalablement saisies.

1 Pour parcourir les informations entrées, cliquez l'un des boutons suivants.

⏮ Affiche le premier enregistrement

◀ Affiche l'enregistrement précédent

▶ Affiche l'enregistrement suivant

⏭ Affiche le dernier enregistrement

13 Pour entrer les informations relatives à une autre personne, cliquez **Ajouter**.

14 Répétez les étapes **12** et **13** pour chaque personne de votre liste d'envoi.

CRÉER UNE SOURCE DE DONNÉES

Prénom	Nom	Adresse1	Code_postal	Ville
Frédéric	Junge	14, rue du Pont	84000	Avignon
Patricia	Petitpas	56, bld Jourdan	75014	Paris
Annette	Flains	21, rue des Halles	91410	Dourdan
Eva	Merise	25, quai de Seine	91460	Ballancourt
Karl	Ledoux	1, rue Ferdinand	75019	Paris

CRÉER UNE SOURCE DE DONNÉES (SUITE)

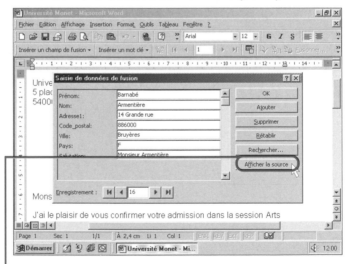

15 Une fois les informations entrées pour toutes les personnes de votre liste, cliquez **Afficher la source**.

Une fois les informations entrées dans la source de données, vous pouvez afficher un tableau répertoriant tous les éléments saisis.

■ Les informations préalablement entrées s'affichent dans un tableau.

■ La première ligne du tableau affiche les noms de champ choisis. Chacune des autres lignes présente les informations propres à une personne.

Note. Même si le texte s'étend sur plusieurs lignes dans le tableau, il apparaît sur une seule ligne lors de l'impression des lettres.

CRÉER UNE SOURCE DE DONNÉES

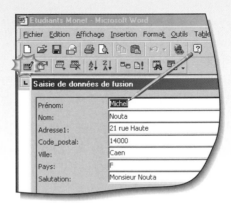

CRÉER UNE SOURCE DE DONNÉES (SUITE)

Prénom	Nom	Adresse1	Code_postal	Ville	Pays	Salutation
Florence	Belin	14 rue de la Mer	06000	Nice	F	Madame Belin
Patricia	Merlin	56 boulevard Jourdan	75014	Paris	F	Mademoiselle Merlin
Michel	Nouta	21 rue Haute	14000	Caen	F	Monsieur Nouta
Colette	Avers	23 rue des Peupliers	94452	Saint-Menart	F	Madame Avers
Eva	Merise	25 quai de la Seine	91460	Ballancourt	F	Madame Merise
Paul	Pato	46 rue de la Fontaine	68890	Bernesheim	F	Monsieur Pato
Ludovic	Lebreton	24	54000	Nancy		Monsieur

Page 1   Sec 1   1/1   À 2,9 cm   Li 2   Col 1

Démarrer   Université Monet - Microso...   Etudiants Monet - Mi...   12:00

16 Cliquez 🖬 , afin d'enregistrer les informations saisies.

Note. Si 🖬 n'est pas affiché, cliquez 🔆 dans la barre d'outils Standard, afin de faire apparaître tous les boutons.

17 Cliquez 🖺 pour revenir au document principal.

Quand vous consultez la source de données,
vous pouvez rouvrir la boîte de dialogue
Saisie de données de fusion en cliquant 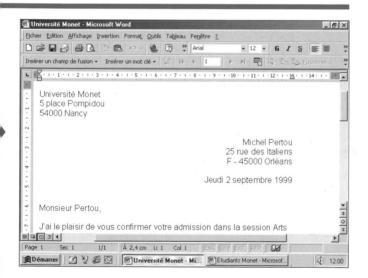.
Il est ensuite possible d'ajouter ou de modifier
des informations concernant les personnes
de votre liste d'envoi.

Vous pouvez aussi changer le texte
directement dans le tableau, comme
n'importe quel texte au sein d'un document.

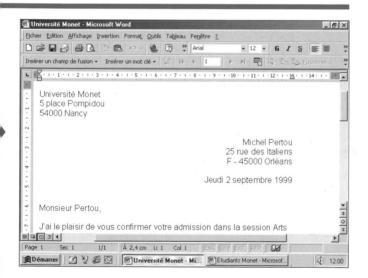

■ Le document principal
apparaît à l'écran.

■ Pour continuer,
vous devez compléter
le document principal.
Passez pour cela
directement à la
page 188.

OUVRIR UNE SOURCE DE DONNÉES EXISTANTE

OUVRIR UNE SOURCE DE DONNÉES EXISTANTE

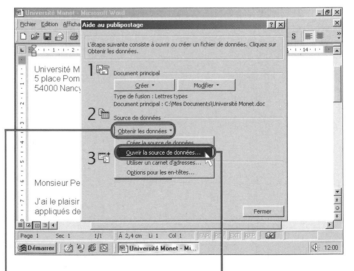

■ Avant d'ouvrir une source de données existante, vous devez créer un document principal. Consultez à cette fin la page 168.

1 Cliquez **Obtenir les données**.

2 Cliquez **Ouvrir la source de données**.

■ La boîte de dialogue Ouvrir la source de données apparaît.

Vous pouvez effectuer
l'opération de publipostage
avec une source de données
créée précédemment.

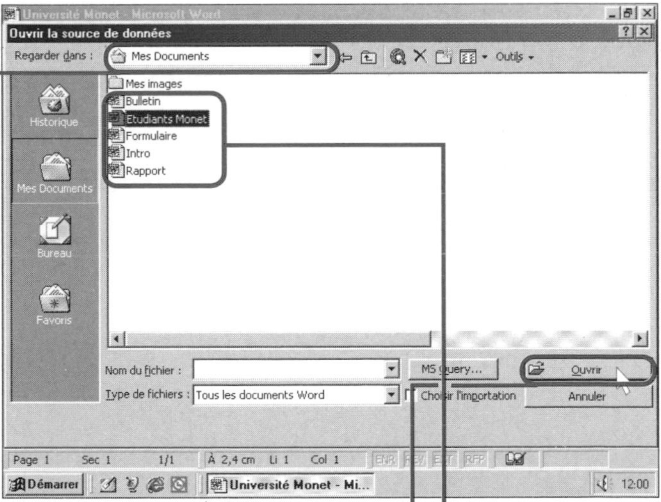

■ Cette zone indique
l'emplacement des
documents affichés.
Cliquez-la pour changer
d'endroit.

3 Cliquez le nom
de la source de
données à ouvrir.

4 Cliquez **Ouvrir**.

OUVRIR UNE SOURCE DE DONNÉES EXISTANTE

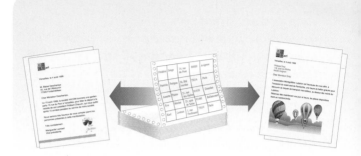

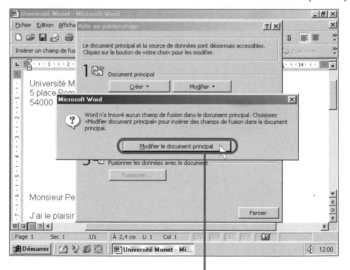

■ Un message apparaît.

5 Cliquez **Modifier le document principal**, afin de revenir au document principal.

Après avoir créé une source de données, vous pouvez l'utiliser pour tous vos envois groupés. Vous vous servirez, par exemple, de la même source de données pour l'ensemble des bulletins d'informations et des dépliants publicitaires que vous envoyez à vos clients.

Avant d'utiliser une source de données existante, mieux vaut la revoir pour vous assurer que ses informations sont à jour. Vous pouvez ouvrir une source de données comme n'importe quel document.

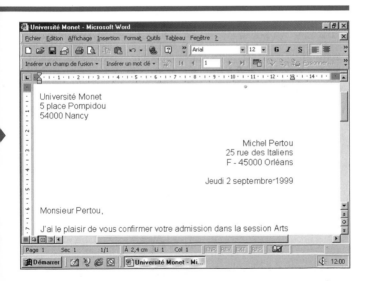

■ Le document principal s'affiche à l'écran.

■ Pour continuer, vous devez compléter le document principal. Consultez à cette fin la page 188.

COMPLÉTER LE DOCUMENT PRINCIPAL

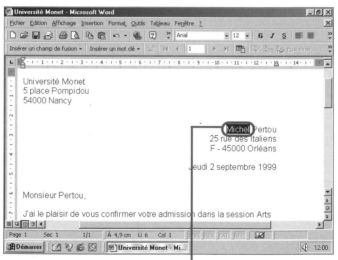

COMPLÉTER LE DOCUMENT PRINCIPAL

Université Monet
5 place Pompidou
54000 Nancy

Michel Pertou
25 rue des Italiens
F - 45000 Orléans

Jeudi 2 septembre 1999

Monsieur Pertou,

J'ai le plaisir de vous confirmer votre admission dans la session Arts

■ Avant de compléter le document principal, vous devez le créer. Consultez pour cela la page 168.

1 Sélectionnez un passage de texte propre à chaque lettre. N'incluez pas d'espace, ni avant ni après.

Pour compléter le document
principal, vous devez insérer
des instructions spéciales,
appelées champs de fusion.

Celles-ci indiquent à Word
où placer les informations
personnalisées, issues
de la source de données.

2 Cliquez **Insérer un
champ de fusion**, afin
d'afficher la liste des
champs de fusion.

*Note. Les champs de fusion
proposés dépendent des noms de
champ sélectionnés lors de la
création de la source de données.*

3 Cliquez le champ
de fusion correspondant
au texte sélectionné à
l'étape **1**.

189

COMPLÉTER LE DOCUMENT PRINCIPAL

Versailles, le 4 août 1999

Prénom Nom
Adresse1
Code_postal, **Ville**

Cher Salutation

Le 10 août 1999, la société ABC donnera une garden-party, 15 rue du Parc à Versailles, pour fêter le départ à la retraite de son président Philibert Chauvin, qui nous quitte après 15 années passées au service de notre société.

Nous serions très heureux de vous compter parmi les personnes présentes à cette manifestation.

Très cordialement
Marguerite Lambert
Vice-présidente

Versailles, le 4 août 1999

Blaise Deschamps
45, rue de l'Abreuvoir
77300 **Fontainebleau**

Cher Monsieur Deschamps

Le 10 août 1999, la société ABC donnera une garden-party, 15 rue du Parc à Versailles, pour fêter le départ à la retraite de son président Philibert Chauvin, qui nous quitte après 15 années passées au service de notre société.

Nous serions très heureux de vous compter parmi les personnes présentes à cette manifestation.

Très cordialement
Marguerite Lambert
Vice-présidente

■■■ COMPLÉTER LE DOCUMENT PRINCIPAL (SUITE) ■■■

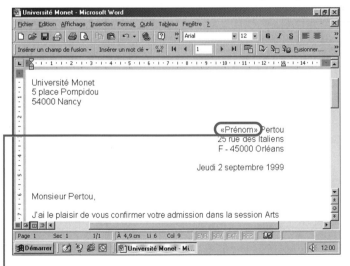

■ Le champ de fusion remplace le texte sélectionné.

■ Pour supprimer un champ de fusion inséré par erreur, sélectionnez-le en faisant glisser le pointeur ⌶ dessus, puis appuyez sur la touche Suppr.

Après avoir terminé le document principal, vous pouvez consulter un exemple de lettre.

Cliquez [icon], afin de remplacer temporairement les champs de fusion du document principal par les informations d'une personne de votre liste d'envoi. Pour afficher à nouveau les champs de fusion, cliquez [icon].

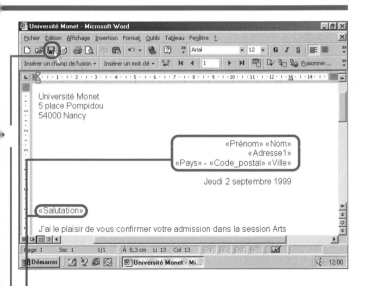

4 Répétez les étapes **1** à **3** pour chaque bloc de texte à modifier dans vos lettres.

5 Cliquez [icon], afin d'enregistrer le document.

Note. Si [icon] n'est pas affiché, cliquez [icon] dans la barre d'outils Standard, afin de faire apparaître tous les boutons.

■ Pour continuer, vous devez fusionner le document principal et la source de données. Consultez à cette fin la page 192.

FUSIONNER LE DOCUMENT PRINCIPAL ET LA SOURCE DE DONNÉES

■■■ FUSIONNER ■■■

Université Monet
5 place Pompidou
54000 Nancy

«Prénom» «Nom»
«Adresse1»
«Pays» - «Code_postal» «Ville»

Jeudi 2 septembre 1999

«Salutation»,

J'ai le plaisir de vous confirmer votre admission dans la session Arts

1 Cliquez 🔳, afin de
fusionner le document
principal et la source
de données.

En associant le document
principal et la source de
données, vous pouvez créer
une lettre personnalisée
destinée à chaque personne
de votre liste d'envoi.

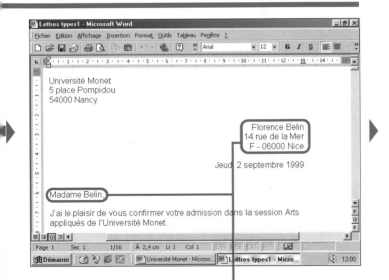

■ Un nouveau document
apparaît, affichant une
lettre personnalisée pour
chaque personne de
votre liste d'envoi.

■ Word remplace les
champs de fusion du
document principal
par les informations
correspondantes,
issues de la source
de données.

FUSIONNER LE DOCUMENT PRINCIPAL ET LA SOURCE DE DONNÉES

■■■ FUSIONNER (SUITE) ■■■

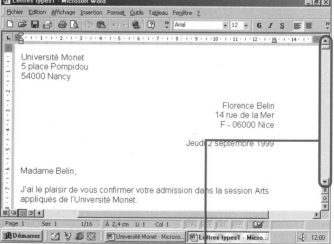

Université Monet
5 place Pompidou
54000 Nancy

Florence Belin
14 rue de la Mer
F - 06000 Nice

Jeudi 2 septembre 1999

Madame Belin,

J'ai le plaisir de vous confirmer votre admission dans la session Arts
appliqués de l'Université Monet.

■ Vous pouvez modifier les lettres comme n'importe quel document. Il est par exemple possible d'ajouter une note personnelle dans certaines d'entre elles.

■ Pour parcourir les lettres, vous pouvez utiliser les barres de défilement.

Pour ne pas occuper inutilement de l'espace sur votre disque dur, n'enregistrez pas le document fusionné. Vous pouvez facilement recréer ce dernier à tout moment en ouvrant le document principal et en effectuant l'étape **1** de la page 192.

IMPRIMER LE DOCUMENT FUSIONNÉ

1 Une fois les lettres revues, cliquez 🖨, afin de les imprimer.

Note. Si 🖨 n'est pas affiché, cliquez ⯮ dans la barre d'outils Standard, afin de faire apparaître tous les boutons.

IMPRIMER DES ÉTIQUETTES AVEC LE PUBLIPOSTAGE

IMPRIMER DES ÉTIQUETTES AVEC LE PUBLIPOSTAGE

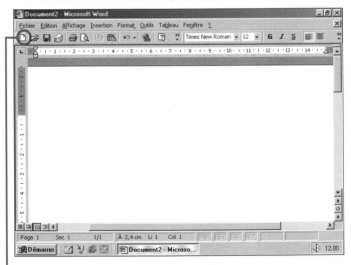

1 Cliquez 🗋 pour créer un nouveau document.

Note. Si 🗋 n'est pas affiché, cliquez 🔄 dans la barre d'outils Standard, afin de faire apparaître tous les boutons.

2 Pour indiquer à Word que vous voulez créer des étiquettes, effectuez les étapes **4** à **8** qui commencent à la page 168, en sélectionnant cette fois **Étiquettes de publipostage** à l'étape **7**.

La fonction Publipostage permet d'imprimer une étiquette individuelle, destinée à chaque personne de votre liste d'envoi groupé. Cela évite de saisir toutes les étiquettes une à une.

Les étiquettes peuvent être apposées sur des enveloppes ou des paquets à envoyer, à titre d'adresse, ou sur des cartons d'invité.

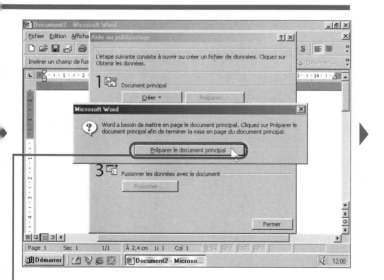

3 Pour ouvrir une source de données existante, effectuez les étapes **1** à **4** de la page 184.

4 Cliquez **Préparer le document principal**, afin de définir les étiquettes.

■ La boîte de dialogue Options pour les étiquettes apparaît.

IMPRIMER DES ÉTIQUETTES AVEC LE PUBLIPOSTAGE

IMPRIMER DES ÉTIQUETTES (SUITE)

5 Cliquez cette zone pour choisir la taille internationale à utiliser.

6 Cliquez la taille souhaitée.

Regardez sur l'emballage des étiquettes la marque et le numéro de produit indiqués.

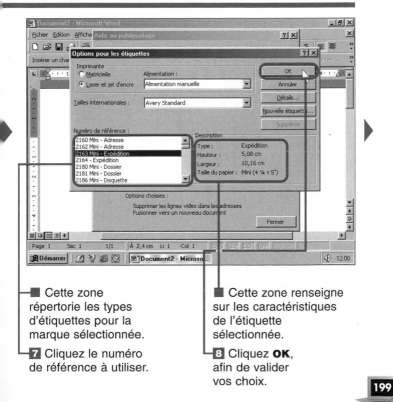

■ Cette zone répertorie les types d'étiquettes pour la marque sélectionnée.

7 Cliquez le numéro de référence à utiliser.

■ Cette zone renseigne sur les caractéristiques de l'étiquette sélectionnée.

8 Cliquez **OK**, afin de valider vos choix.

IMPRIMER DES ÉTIQUETTES AVEC LE PUBLIPOSTAGE

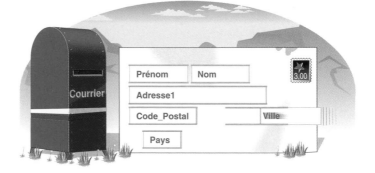

IMPRIMER DES ÉTIQUETTES (SUITE)

Étiquettes

Cliquez sur le bouton Insérer champ de fusion pour insérer des champs dans l'exemple d'étiquette. Vous pouvez modifier et mettre en forme le champs et le texte dans la zone Exemple d'étiquette.

[Insérer champ de fusion ▾]

Exemple d'étiquette :

Patricia Merlin
56 boulevard Jourdan
F - 75014 Paris

[OK]   [Annuler]

[Fermer]

■ La boîte de dialogue Étiquettes apparaît.

9 Remplissez une étiquette pour une personne de votre liste d'envoi.

Vous devez insérer des instructions
spéciales, appelées champs de fusion,
pour indiquer à Word où placer les
informations individualisées propres
à chaque étiquette.

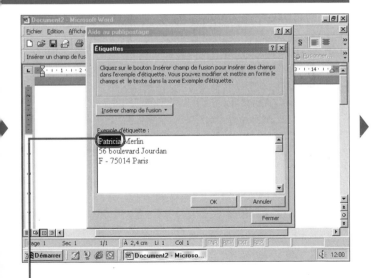

10 Sélectionnez un
passage de texte propre
à chaque étiquette.
N'incluez pas d'espace,
ni avant ni après.

IMPRIMER DES ÉTIQUETTES AVEC LE PUBLIPOSTAGE

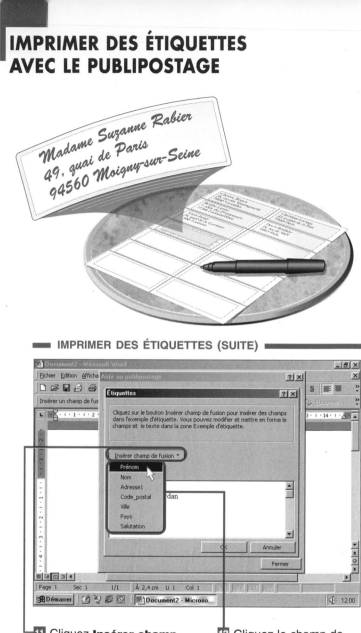

11 Cliquez **Insérer champ de fusion**, pour afficher la liste des champs de fusion.

Note. Les champs de fusion proposés dépendent des noms de champ retenus lors de la création de la source de données.

12 Cliquez le champ de fusion correspondant au texte sélectionné à l'étape **10**.

Vous pouvez saisir vous-même
le texte à faire figurer sur
chaque étiquette, sans utiliser
la fonction Publipostage.

Étiquettes

Cliquez sur le bouton Insérer champ de fusion pour insérer des champs dans l'exemple d'étiquette. Vous pouvez modifier et mettre en forme le champs et le texte dans la zone Exemple d'étiquette.

Insérer champ de fusion ▾

Exemple d'étiquette :

«Prénom» «Nom»
«Adresse1»
«Pays» - «Code_postal» «Ville»

OK   Annuler

Fermer

■ Le champ de fusion
remplace le texte
sélectionné.

13 Répétez les étapes **10**
à **12** pour chaque bloc de
texte propre à chaque
étiquette.

14 Cliquez **OK** pour
continuer.

IMPRIMER DES ÉTIQUETTES AVEC LE PUBLIPOSTAGE

IMPRIMER DES ÉTIQUETTES (SUITE)

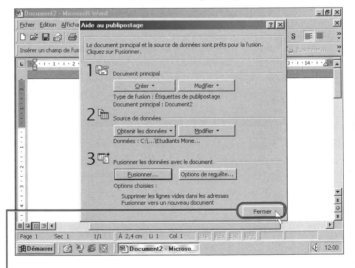

15 Cliquez **Fermer**, afin de quitter la boîte de dialogue Aide au publipostage.

Après avoir fusionné les étiquettes et la source de données, vous pouvez imprimer les étiquettes personnalisées que Word a créées pour chaque personne de votre liste d'envoi.

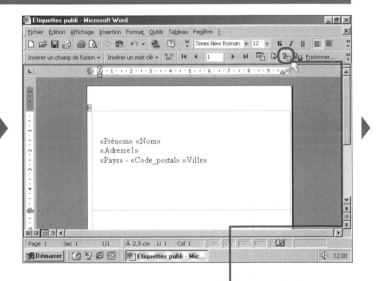

■ Les étiquettes apparaissent, affichant les champs de fusion sélectionnés.

16 Enregistrez le document.

17 Cliquez 🔳, en vue de fusionner les étiquettes et la source de données.

IMPRIMER DES ÉTIQUETTES AVEC LE PUBLIPOSTAGE

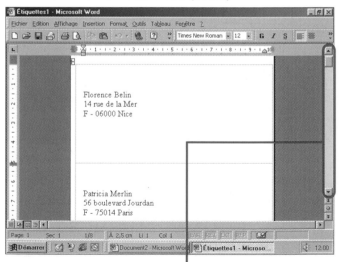

■ Un nouveau document apparaît, affichant une étiquette personnalisée pour chaque personne de votre liste d'envoi.

■ Vous pouvez modifier les étiquettes comme n'importe quel document.

■ Pour parcourir les étiquettes, vous pouvez utiliser les barres de défilement.

N'enregistrez pas les étiquettes fusionnées, pour ne pas occuper inutilement de l'espace sur votre disque dur.

Vous pouvez très facilement les recréer à tout moment en ouvrant le document principal correspondant, enregistré à l'étape **16** de la page 205, et en effectuant l'étape **17**.

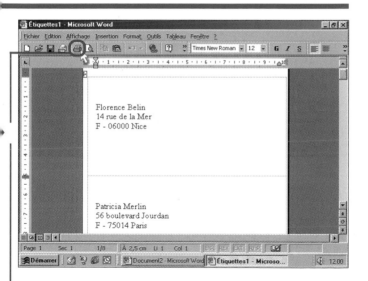

IMPRIMER DES ÉTIQUETTES FUSIONNÉES

1 Après avoir revu les étiquettes, cliquez 🖨, afin de les imprimer.

Note. Si 🖨 n'est pas affiché, cliquez ⏵ dans la barre d'outils Standard, afin de faire apparaître tous les boutons.

ENVOYER UN DOCUMENT PAR COURRIER ÉLECTRONIQUE

■ ENVOYER UN DOCUMENT PAR COURRIER ÉLECTRONIQUE

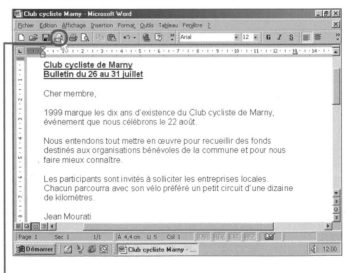

1 Cliquez 🖃, afin d'envoyer le document affiché à l'écran par courrier électronique.

Note. Si 🖃 n'est pas affiché, cliquez ⁑ dans la barre d'outils Standard, afin de faire apparaître tous les boutons.

Vous pouvez envoyer le document affiché à l'écran à un ami, un membre de votre famille ou un collègue via la messagerie électronique.

Avant de transmettre un document par courrier électronique, vous devez installer Microsoft Outlook sur votre ordinateur.

■ Une zone apparaît pour l'adressage du message.

2 Cliquez cette zone et saisissez l'adresse électronique de chaque destinataire du message, en les séparant par un point-virgule (;).

ENVOYER UN DOCUMENT PAR COURRIER ÉLECTRONIQUE

À

Envoie le message à chaque personne spécifiée.

Copie conforme (Cc)

Envoie un exemplaire du message à des personnes qui ne sont pas directement concernées, mais que ces informations pourraient intéresser.

■ ENVOYER UN DOCUMENT PAR COURRIER ÉLECTRONIQUE

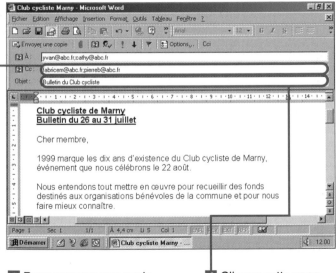

3 Pour envoyer une copie du message, cliquez cette zone et saisissez l'adresse électronique de chaque destinataire, en les séparant par un point-virgule (;).

4 Cliquez cette zone et entrez l'objet du message.

Note. Si un objet est déjà inscrit, vous pouvez en saisir un nouveau après avoir fait glisser le pointeur I sur le texte existant.

Vous pouvez adresser
un message électronique
de deux façons.

5 Cliquez **Envoyer
une copie**, afin
d'expédier le message.

CRÉER UN LIEN HYPERTEXTE

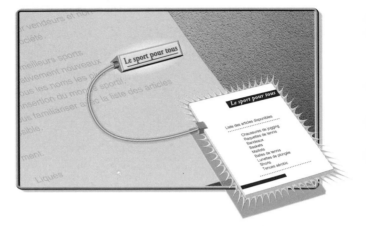

■ CRÉER UN LIEN HYPERTEXTE ■

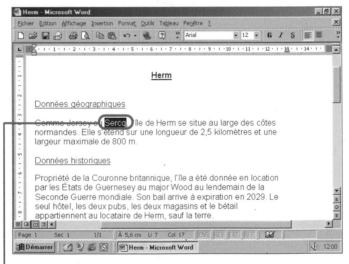

1 Sélectionnez le texte à transformer en lien hypertexte.

Vous pouvez créer un lien hypertexte
pour lier un mot ou une expression
à un autre document situé sur votre
ordinateur, sur votre réseau, sur
l'intranet de votre entreprise ou sur
l'Internet.

Un intranet est une sorte
d'Internet à moindre
échelle au sein d'une
société ou d'un organisme.

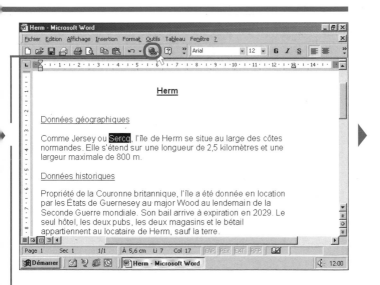

2 Cliquez 🔧 , afin de
créer un lien hypertexte.

*Note. Si 🔧 n'est pas affiché,
cliquez ⅲ dans la barre d'outils
Standard, afin de faire apparaître
tous les boutons.*

■ La boîte de dialogue
Insérer un lien hypertexte
s'affiche.

CRÉER UN LIEN HYPERTEXTE

C:\Mes Documents\Astrologie\Rapport.doc

Lien hypertexte

CRÉER UN LIEN HYPERTEXTE (SUITE)

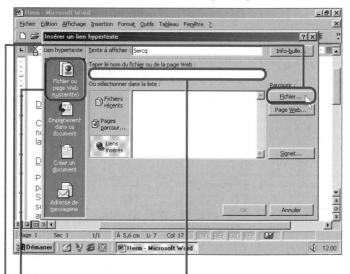

3 Cliquez **Fichier ou page Web existant(e)**.

4 Pour lier le texte à un document situé sur votre ordinateur ou sur votre réseau, cliquez **Fichier**.

Pour lier le texte à une page Web, cliquez cette zone et saisissez l'adresse de la page en question (www.efirst.com, par exemple). Passez ensuite à l'étape **7** de la page 216.

Si votre document renferme un graphisme, tel qu'une forme automatique ou une image clipart, vous pouvez le transformer en lien hypertexte.

Cliquez à cette fin l'objet en question, puis effectuez les étapes 2 à 7, qui commencent à la page 212.

Herm - Microsoft Word	_ 8 X
Lier au fichier	? X

Regarder dans : Mes Documents

Mes images
Bretagne
Etretat
Floride
Jersey
Normandie
Québec
Savoie
Sercq
Terre Neuve

Nom du fichier :

Type de fichiers : Fichiers Office

OK

Annuler

Page 1   Sec 1   1/1   À 5,6 cm Li 7   Col 17

Démarrer   Herm - Microsoft Word   12:00

■ La boîte de dialogue Lier au fichier apparaît.

■ Cette zone indique l'emplacement des documents répertoriés. Vous pouvez la cliquer pour changer d'endroit.

■ Cette zone permet d'accéder aux fichiers fréquemment utilisés. Pour afficher le contenu de l'un d'entre eux, cliquez-le.

CRÉER UN LIEN HYPERTEXTE

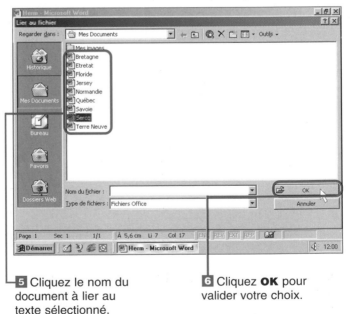

— CRÉER UN LIEN HYPERTEXTE (SUITE) —

5 Cliquez le nom du document à lier au texte sélectionné.

6 Cliquez **OK** pour valider votre choix.

Les liens hypertexte se repèrent facilement dans votre document, puisqu'ils apparaissent soulignés et en couleur.

■ Cette zone affiche le nom du document sélectionné.

7 Cliquez **OK**, afin de créer le lien hypertexte.

CRÉER UN LIEN HYPERTEXTE

www.efirst.com

CRÉER UN LIEN HYPERTEXTE (SUITE)

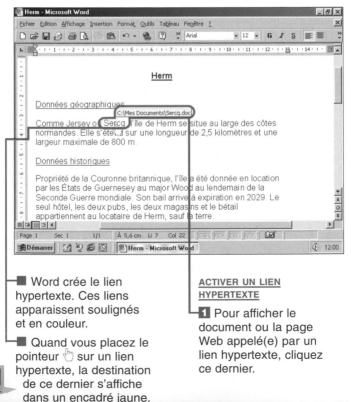

■ Word crée le lien hypertexte. Ces liens apparaissent soulignés et en couleur.

■ Quand vous placez le pointeur 🖑 sur un lien hypertexte, la destination de ce dernier s'affiche dans un encadré jaune.

ACTIVER UN LIEN HYPERTEXTE

1 Pour afficher le document ou la page Web appelé(e) par un lien hypertexte, cliquez ce dernier.

Lorsque vous saisissez l'adresse d'un document situé sur votre réseau ou sur l'Internet, Word la transforme automatiquement en lien hypertexte.

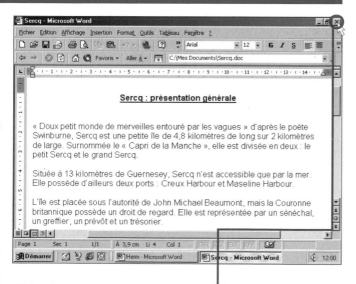

■ Le document ou la page Web appelé(e) par le lien hypertexte apparaît.

■ Si le lien hypertexte mène à une page Web, votre navigateur s'ouvre et affiche cette page.

2 Une fois le document ou la page Web consulté(e), cliquez ⊠ pour fermer la fenêtre.

ENREGISTRER UN DOCUMENT EN TANT QUE PAGE WEB

ENREGISTRER UN DOCUMENT EN TANT QUE PAGE WEB

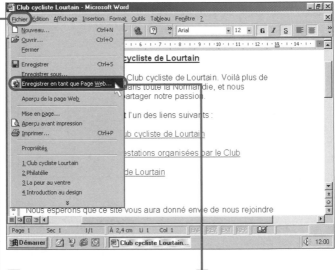

1 Ouvrez le document à enregistrer en tant que page Web.

2 Cliquez **Fichier**.

3 Cliquez **Enregistrer en tant que Page Web**.

■ La boîte de dialogue Enregistrer sous apparaît.

Vous pouvez enregistrer un document en tant que page Web, pour le placer sur l'Internet ou sur l'intranet de votre société.

4 Saisissez un nom de fichier pour la page Web.

■ Cette zone indique l'endroit où Word stockera la page Web. Vous pouvez la cliquer pour changer d'emplacement.

■ Cette zone permet d'accéder aux fichiers fréquemment utilisés. Pour afficher le contenu de l'un d'entre eux, cliquez-le.

ENREGISTRER UN DOCUMENT EN TANT QUE PAGE WEB

■■■ ENREGISTRER UN DOCUMENT EN TANT QUE PAGE WEB

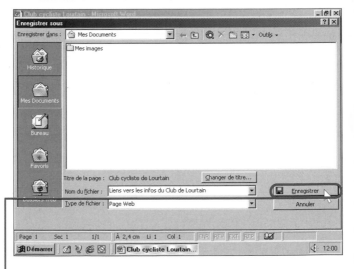

5 Cliquez **Enregistrer**, afin d'enregistrer le document en tant que page Web.

Vous pouvez permettre à d'autres personnes d'accéder à votre page Web.

Après avoir enregistré un document en tant que page Web, vous pouvez transférer cette page vers un ordinateur qui stocke les pages Web, appelé serveur Web. Une fois publiée sur le serveur, la page peut être consultée par d'autres personnes.

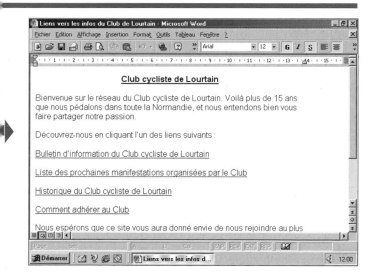

■ Word enregistre le document en tant que page Web et l'affiche en mode Web, tel qu'il apparaîtra sur le Web.

INDEX

INDEX

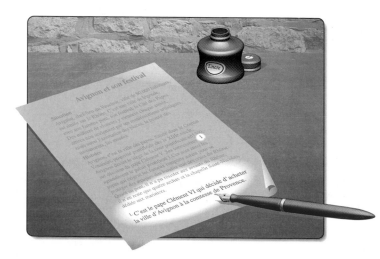

COLLECTIONS 3-D Visuel

C'EST SIMPLE

**Windows 98
c'est simple**

65 0470 8   139 F

**Windows 98 Plus Fort !
c'est simple**

65 0010 2   139 F

**La Micro Plus Fort !
c'est simple**

65 0009 4   139

**Internet et le WWW
c'est simple**

65 0360 1   129 F

**Les pages Couleurs
Internet**

65 0388 2   159 F

**Le Dictionnaire
3-D Visuel de la micro**

65 0373 4   12

**Office 2000
c'est simple**

65 0039 1   159 F

**Word 2000
c'est simple**

65 0044 1   139 F

**Excel 2000
c'est simple**

65 0049 1   139 F

**Access 2000
c'est simple**

65 0055 7   139 F

**Windows 95 Plus fort !
c'est simple**

65 0366 8   129 F

**Office 97
c'est simple**

65 0377 5   159 F

APPRENDRE

Apprendre
La Micro et l'Internet

65 0012 8   169 F

Apprendre
Windows 98

65 0000 3   169 F

Apprendre
Windows 98 Plus Fort !

65 0022 7   169 F

Apprendre
Windows 95

65 0466 6   169 F

Apprendre
Windows NT4

65 0041 7   169 F

Apprendre
Les Réseaux

65 0471 6   169 F

MAÎTRISER

Maîtriser
Windows 98

65 0001 1   199 F

Maîtriser
Windows 95

65 0437 7   199 F

**Apprendre
Office 2000**

65 0038 3   169 F

**Apprendre
Word 2000**

65 0054 0   169 F

**Apprendre
Access 2000**

65 0065 6   169 F

**Apprendre
Excel 2000**

65 0064 9   169 F

**Maîtriser
Office 97**

65 0472 4   199 F

**Maîtriser
Office 2000**

65 0045 8   199 F

COLLECTIONS 3-D Visuel

POCHE VISUEL

Windows 95
Poche Visuel

65 0005 2   69 F

Windows 98
Poche Visuel

65 0006 0   69 F

Windows 98
Plus Fort !

65 0035 9   69 F

Le PC
Poche Visuel

65 0024 3   69

Excel 2000
Poche Visuel

65 0090 4   69 F

Excel 2000
Plus Fort !

65 0099 5   69 F

Word 2000
Poche Visuel

65 0088 8   69 F

Word 2000
Plus Fort !

65 0091 2   69

Office 2000 V. 1
Poche Visuel

65 0046 6   69 F

Office 2000 V. 2
Poche Visuel

65 0097 9   69 F

Internet et le Web
Poche Visuel

65 0023 5   69 F

Poche

Visuel

Word 2000 **PLUS FORT !**

Pour connaître les nouvelles parutions dans vos collections favorites,
retournez votre **Fiche lecteur** et recevez gratuitement
le catalogue **Livres d'informatique** des éditions **First Interactive**.

A mon avis, ce livre est
❏ Excellent   ❏ Moyen
❏ Satisfaisant   ❏ Insuffisant

Ce que je préfère dans ce livre

....

Mes suggestions pour l'améliorer

....

En informatique, je me considère comme
❏ Débutant   ❏ Expérimenté
❏ Initié   ❏ Professionnel

J'utilise l'ordinateur
❏ Au bureau   ❏ A l'école
❏ A la maison   ❏ Autre ....

J'ai acquis ce livre
❏ En librairie   ❏ Dans une grande surface
❏ Par correspondance ❏ Autre

Je m'intéresse plus particulièrement aux domaines suivants
❏ Traitement de texte   ❏ Tableur
❏ Base de données   ❏ Graphisme et PAO
❏ Internet et Web   ❏ Communications et réseaux
❏ Langage de programmation   ❏ Formation à l'informatique

Nom ....
Prénom ....
Rue ....
Ville ....   Code postal ....
Pays ....

J'ai vraiment adoré ce livre ! Vous pouvez citer mon
témoignage dans vos documents promotionnels.
Voici mon numéro de téléphone en journée : ....

AFFRANCHIR
AU TARIF
LETTRE

Editions First Interactive
13-15, rue Buffon
75005 Paris
France